2019 개정 누리과정에 기초한

영·유아 수학교육

제2판

배소연 강민정 공저

YANGSEOWON
양서원

| 머리말 |

대학에서 오랫동안 유아를 위한 수학교육을 강의하면서 생각하는 능력의 기초가 형성되는 영 · 유아기에 적합한 수학교육이 이루어질 수 있도록 하려면 우선 영 · 유아들의 교육을 담당하게 될 예비교사들이 교사 양성 교육과정을 통해 올바른 수학교육의 내용과 체계적인 교육방법을 익히는 것이 중요하다고 생각하였습니다. 또 유아교육 현장에 있으면서, 교사들의 수학교육에 대한 낮은 관심과 지식으로 적절한 수학교육이 이루어지는 데 한계가 있음을 보고, 유아교육 현장에서 수학교육이 효과적으로 이루어지기 위해서는 기관에서는 교사들에게 끊임없이 재교육의 기회를 제공하고, 교사들은 수학교육에 대한 탄탄한 이론과 실제에서 사용할 수 있는 구체적인 전략들을 효과적으로 연결하는 능력을 길러야 한다고 생각하였습니다. 이러한 관점에서 이 책은 대학이나 대학원에서 수학교육에 관심이 있는 예비교사들이나 현직교사들이 수학교육을 통해 영 · 유아들에게 무엇을, 왜 가르쳐야 하는지를 정확하게 이해하고 그에 따라 발달에 적합하면서 영 · 유아들의 수학적 지식과 기술, 생각하는 능력을 동시에 길러 줄 수 있는 수학교육을 계획하고 실행하는 것을 도와주기 위하여 만들어졌습니다.

총 9장으로 구성된 이 책에는 제1장 영 · 유아를 위한 수학교육의 기초(수학교육의 필요성, 수학적 경험의 특징과 영 · 유아들의 비형식적 수학지식, 수학교육의 기초가 되는 이론, 수학교육의 문제점과 개선 방향), 제2장 영 · 유아를 위한 수학교육의 원리(놀이를 통한 수학교육, 발달에 적합한 수학교육), 제3장 영 · 유아를 위한 수학교육의 목표와 내용, 교사의 역할(수학교육의 목적과 목표, 수학교육의 내용과 교사의 역할), 제4장 영 · 유아를 위한 수학교육의 평가(평가의 필요성과 목적, 수학교육의 평가방법, 평가결과의 활용, 교사 자신의 평가), 제5장 영 · 유아를 위한 수학교육의 환경구성(수학교육을 위한 환경구성의 원리, 흥미영역의 구성, 수학영역의 구성), 제6장 영 · 유아를 위한 수학교육의 계획과 실행(교육계획, 교육실행 및 평가), 제7장 자유놀이를 통한 수학교육(자연스러운 놀이상황을 통한 수학교육, 흥미영역을 통한 수학교육), 제8장 대 · 소집단 활동을 통한 수학교육(문학을 통한 수학교육, 요리를 통한 수학교육, 게임을 통한 수학교육, 음악을 통한 수학교육, 미술을 통한 수학교육, 전이시간을 이용한 수학교육), 제9장 일과 및 생활주제와 통합한 수학교육(일과 생활과 통합한 수학교육, 주제와 통합한 수학교육) 등의 내용이 포함되어 있습니다. 최근에 개정된 우리나라 누리과정과 영 · 유아들을 위한 수학교육에 대한 연구의 결과들, 유아교육에서 가장 많이 적용되는 이론들과 두뇌연구의 결과에 근거한 영 · 유아 발달의 특징, 수학교육의 내용 및 의의, 수학교육의 원리 및 전략 등을 다룬 제1장~제5장은 배소연이 집필하였으며, 현장에서 수학교육을 계획하고 실행하는 데 필요한 지식과 기술을 이론과 연결하여 현장에 그대로 적용될 수 있는 실제적인 지식을 활동의 예들과 활동 계획안, 사진들과 함께 제시한 제6장~제9장은 강민정이 집필하였습니다.

개정을 한다고 하였지만 여전히 부족함들이 눈에 띕니다. 그러나 변화하는 사회의 요구에 맞게 가까운 미래에 다시 개정할 것을 계획해 봅니다. 이 책이 나오기까지 촬영 허락은 물론 아낌없는 협조까지 해 주신 부산 소심유치원 어린이들과 부모님들, 이지숙 원장님을 비롯한 선생님들께 고마운 마음을 전하고 싶습니다. 또 자료사진을 찍을 때 도움을 준 목원대학교 유아교육과 학생들에게도 감사의 마음을 전합니다. 그리고 이

책의 출판과 개정을 위해 고생해 주신 양서원의 박철용 회장님과 임직원 여러분께 감사드립니다.

마지막으로 아이들이 마음껏 뛰놀며 배울 수 있도록 유치원에서 끊임없이 새로운 생각들을 실행에 옮기며 이 책이 나오도록 아낌없이 격려해 주셨던 우리들의 어머니 고 이경숙 원장님, 저녁 시간이나 주말에도 일을 할 수 있도록 언제나 뒤에서 필요한 지원을 마다하지 않은 서명원 교수와 배종현 원장, 그리고 바쁜 엄마들을 먼저 이해하고 오히려 격려해 주며 잘 자라 준 우리들의 아이들, 동현, 성환, 정현, 정환에게 깊은 사랑과 감사의 마음을 전합니다.

2021년 3월

배소연, 강민정

| 차례 |

제 1 부

영 · 유아를 위한 수학교육의 이해

제 2 부

영 · 유아를 위한 수학교육의 운영

제2장 | 영 · 유아를 위한 수학교육의 원리

제3장 | 영 · 유아를 위한 수학교육의 목표와 내용, 교사의 역할

제4장 | 영 · 유아를 위한 수학교육의 평가

제5장 | 영 · 유아를 위한 수학교육의 환경구성

제 1 부

영·유아를 위한 수학교육의 이해

제 1 장

영 · 유아를 위한 수학교육의 기초

1. 수학교육의 필요성
2. 수학적 경험의 특징과 영 · 유아들의 비형식적 수학지식
3. 수학교육의 기초가 되는 이론
4. 수학교육의 문제점과 개선 방향

목표

1. 수학의 본질을 이해하고 수학교육의 필요성을 이해한다.
2. 영 · 유아기의 수학적 경험의 특징과 영 · 유아들의 비형식적 수학지식을 이해한다.
3. 영 · 유아들을 위한 수학교육의 기초가 되는 이론들을 이해한다.
4. 수학교육의 문제점을 알고 개선 방향을 모색한다.

1. 수학교육의 필요성

수량, 구조, 공간, 변화 등의 개념을 다루는 자연과학의 학문인 수학은 수를 이용한 계산을 다루는 산술, 숫자들이 표현하는 양과 숫자들 간의 관계를 다루는 대수학, 도형이나 공간을 측정하고 수학적 특징을 다루는 기하학, 여러 가지 현상의 원리를 수학적으로 정의하고 예견하는 해석학 등으로 이루어져 있다. 즉, 수학이란 우리가 환경에서 접하는 사물이나 사건, 사람들 간의 관계를 숫자와 기호들을 이용하여 계산하기, 이해하기, 표현하기, 조작하기 등과 사물이나 사건들을 통찰하고, 논리적으로 생각하며, 여러 가지의 문제를 해결하기 등을 포함하는 학문이다(Shaw and Blake, 1998).

그런데 대학생들에게 초 · 중 · 고등학교에서 10여 년 동안 왜 수학을 배웠다고 생각하는지 물어보면 대부분은 "시험 보려고 배운 것 같다"라고 답한다. 그리고 이구동성으로 "여러 가지 종류의 계산하는 것 말고는 일상생활에서 전혀 쓰이지 않는 것이 수학"이라고 덧붙인다. 얼핏 생각하면 그 오랫동안 배웠던 수학의 내용들, 예를 들면 함수, 삼각함수, 미분, 적분 등은 학교를 졸업한 이후로는 거의 보지도 사용하지도 않는 것들이므로 오직 시험을 보기 위해 배운 것처럼 여겨질 수 있다. 그러나 그러한 내용을 배우면서 습득한 수학적 사고방법은, 우리가 인식하고 있지는 않지만, 일상생활의 여러 장면에서 논리적, 합리적으로 생각하고 문제를 해결하는 데 사용된다. 예를 들면 가족 여행을 위한 계획을 할 때, 가족 구성원들이 가장 선호하는 장소를 정하거나 여러 여행사의 가격을 비교하여 결정하는 것, 정해진 가족 여행지에 갈 수 있는 가장 나은 방법을 찾는 것 등의 과정에서 우리는 수학이라고 인지하지는 않지만, 수학을 통해 배운 개념들을 적용하여 문제를 해결한다는 것이다. 즉, 수학을 공부함으로써 사람들은 숫자와 기호들을 이용하여 현상, 사실, 규칙 등을 찾아내고, 조직하며, 이해하고 표현하는 데 필요한 개념이나 기술을 습득하며, 동시에 일상생활에서 경험하는 사물이나 사건들에 대해 논리적으로 생각하여 여러 가지의 문제를 합리적으로 해결하는 데 필요한 사고력을 발달시키는데, 이것이 바로 모든 학생들이 수학을 배워야 하는 중요한 이유인 것이다.

2. 수학적 경험의 특징과 영 · 유아들의 비형식적 수학지식

수학과 관련된 두뇌 발달을 연구하는 학자들에 의하면 인간은 태어날 때 3 이하의 수를 이해하는 수 감각을 지니고 있으며[1], 수를 어림하는 능력을 가지고 있다[2]고 한다. 뿐만 아니라, 영아기에 이미 3 이하 수의 사물이 더해지고 감해지는 것을 이해하며, 두 집단의 크기를 어림잡아 이해하는 능력을 가지고 있다고 한다(Dehaene, 2010; Devlin, 2010). 그리고

3보다 큰 수를 처리하는 능력은 이후에 언어가 발달하고 논리적 사고가 발달함에 따라 가능하게 된다고 한다. 비단 이러한 두뇌 발달 연구의 실험에서 나온 결과가 아니더라도 일상생활에서 우리는 영 · 유아들이 3 이하의 수를 이해하며, 다양한 수학적 경험을 하고 있음을 나타내는 많은 예들을 찾아볼 수 있다.

- 두 번째 생일을 맞은 태윤이는 몇 살이냐고 물어보는 어른들에게 손가락 세 개를 들어 보이며 '세 살'이라고 대답한다.
- 과자 두 개 달라고 요구하던 22개월 된 민주는 엄마가 그 과자를 다시 받아 두 개로 나누어주자 만족한 웃음을 짓는다.
- 유치원 4세 반에 다니는 배영이는 동생 태윤이보다 자기가 밥을 더 많이 먹기 때문에 자기의 키가 훨씬 더 크다고 할머니께 자랑한다.
- 배영이와 같은 반 친구인 민아는 동생 민주에게 어제 유치원에서 배운 티라노사우루스 공룡은 아마도 마을버스보다는 클 것이며, 우리가 사는 아파트 건물보다는 작을 것이라고 열심히 설명해 준다.

위의 예들에서 볼 수 있는 것처럼 영 · 유아들은 일상생활에서 숫자나 수를 자주 접하고 사용하며, 측정의 정확한 단위를 사용하지는 않지만 수나 양을 비교하고, 양을 나타내는 어휘들을 사용하고 있다. 또한, 위치나 방향에 관한 말의 뜻을 알고 지시대로 가리킬 수 있

1 갓 태어난 아기들도 3 이하 수의 인형을 더하고 빼는 장면을 보여주었을 때 양의 변화에 대하여 놀라는 반응을 보여주었다. 실험자들은 여러 가지의 대조실험을 통해 아기들의 놀라는 반응이 양의 변화만을 근거로 하고 있음을 밝힘으로써 인간의 유전자에는 3 이하의 수를 이해하고 처리하는 능력이 기억되어 있다고 주장한다(Dehaene, 2010; Devlin, 2010)

2 두 집합에 속한 요소들 수의 비율이 1:2(예를 들어 10개와 20개)인 경우, 생후 6개월된 영아는 눈으로만 보아서 두 집합이 다르다는 것을 알아차리며, 9개월이 된 영아는 그 비율이 1:1.5(예를 들어 10개와 15개)만 되어도 두 집합의 크기를 구분할 수 있다는 것을 발견하여 영아들도 어림수를 이해하고 있다고 주장한다(Dehaene, 2010; Devlin, 2010)

으며, 간단한 평면도형이나 입체도형들의 이름이나 특징들도 이해한다. 생활 속에서 다양한 규칙들을 직접 경험하기도 하며, 자기가 사용하는 물건을 적절한 장소에 두거나, 가지고 논 장난감을 분류하고 제자리에 정리하는 일 등을 할 수 있는데 이 모든 것들이 바로 수학과 관계된 경험들이다(Copley et al. 2007; Jackman, 2009; Kostelnik et al., 2007). 바꾸어 말하면 영 · 유아들도 아주 어려서부터 일상생활을 통해 수학의 요소들인 수와 양, 측정, 공간과 도형, 규칙, 자료의 정리 및 결과 등에 대한 다양한 경험을 한다는 것이다.

이처럼 영 · 유아기 동안 일상생활을 통해 경험하는 수학적 지식을 비형식적 수학지식(Informal Mathematical Knowledge)이라 하는데, 이는 훗날 초등학교에서 배우고 발달하는 형식적 수학지식의 기초가 된다. 비형식적 수학지식이 발달한 영 · 유아들은 직관적인 범위에 속하는 6 이하의 수를 이해할 수 있고, 일상생활에서 직접 보고, 듣고, 만지거나 조작해 본 구체적인 경험에 관계되는 수를 이해할 수 있다. 그런데 영 · 유아기에 발달하는 비형식적 수학지식의 또 하나의 특징은 간단한 개념이지만 그것이 기호나 상징으로 표현되면 영 · 유아들은 그것을 이해하지 못한다는 것이다(한종화, 박찬옥, 2004; Baroody & Wilkins, 1999; Charlesworth, 2004; Copley, 2000; Ginsburg, et al., 1998; McDevitt & Ormrod, 2007; Sophian, 1999; Wynn, 1999). 예를 들면, 비형식적 수학지식이 발달된 지영이는 4개의 사탕을 동생과 꼭 같이 나누려면 두 개씩 먹을 수 있다는 것은 알지만, 더 큰 수인 40개가 들어 있는 한 통의 사탕을 동생과 꼭 같이 나누면 20개씩이 된다는 것을 이해하기는 힘들며, 이것을 2+2=4라는 수식을 통해서는 이해하지 못하는 것이다. 이는 직관적인 범위를 벗어나는 7이나 8 이상의 수에 관한 문제나 기호나 상징으로 표현되는 추상적인 정보를 이해하려면 일대일 대응, 순서 짓기, 위계적 포함 관계 등을 이해하는 논리적인 사고의 발달이 선행되어야 하는데 지영이는 아직 그러한 단계까지의 발달이 이루어지지 않았기 때문이다.

영 · 유아기에 발달하는 비형식적 수학지식은 논리-수학적 지식과 마찬가지로 영 · 유아들이 스스로 형성함으로써 발달되는 것이다(Kamii, 1985; Koehler & Grouws, 1992). 즉,

영 · 유아들은 어른들이 가르쳐 주는 것을 단순히 기억하거나 배워서가 아니라, 주변 환경과 적극적으로 상호 작용하는 과정에서 수량에 관계되는 다양한 경험을 통하여 스스로 지식을 습득하고, 이해하고, 적용하는 과정을 통하여 수학적 지식을 구성해 간다. 영 · 유아들이 이처럼 스스로 수학적 지식을 구성해 간다는 것의 근거는 수학적 능력이 발달하는 과정에서 그들이 보여주는 체계적인 실수에서도 찾아볼 수 있다. 예를 들어 1에서 10까지의 수 이름을 알고 수 세기 하던 진수가 11부터 자발적으로 "열하나, 열둘, 열셋…"으로 수 이름을 알아가고 수 세기를 해 나가면서 열아홉 다음에 "스물"이라는 단어를 미처 알지 못한 상태에서 "열열"이라고 말하는 것이나, 20이라고 쓰인 숫자를 보고 "두열" 이라고 말하는 것, 또는 엄마와 시장에 갔다가 야채나 과일의 무게를 달아서 값을 치르는 것을 보았던 아리가 친구와 시장놀이를 하면서 자신의 경험을 일반화시켜서 "상추의 무게는 360원이에요"라고 말하는 것들이 영 · 유아들이 스스로 지식을 구성하는 과정에서 보여주는 실수들이다. 즉, 영 · 유아들은 꼭 어른들이 가르쳐 주어서가 아니라, 자신의 경험을 통하여 수나 양을 다루는 것에 관련된 지식을 알아가고 자기만의 방법으로 생각하여 비형식적 수학지식을 구성한다. 비형식적 수학지식은 영 · 유아들의 인지 능력이 발달함에 따라 점차 형식적 수학지식으로 발전해 가므로 이 시기의 수학교육은 영 · 유아들의 이러한 능력을 길러주는 방향으로 이루어져야 하는 것이다.

3. 수학교육의 기초가 되는 이론

1900년대 초 철학에서 분리되어 나온 심리학을 통해 과학적인 방법으로 인간에 대한 연구가 시작되었다. 그로부터 한 세기가 지난 오늘날에 이르기까지 많은 심리학자들이 여러 가지 관점에서 인간의 성장과 발달 과정 및 인간 행동의 특징을 규명하기 위해 노력하였으며, 그 결과 많은 이론들이 도출되어 교육을 비롯하여 인간과 관계되거나 인간을 이해해야 하는 여러 학문 분야에 필요한 기초자료를 제시해 주고 있다.

그런데 심리학에서 도출된 다양한 이론들은 각각이 인간 성장발달의 전체에 대한 연구라기보다는, 인간 성장발달의 어느 한 측면에 관한 연구이거나, 인간의 성장발달에 관한 개개 심리학자의 특정한 관점을 증명하기 위해 이루어진 연구 결과인 경우가 많다. 따라서 심리학 이론들은 인간성장발달의 어느 측면을 주로 연구했는가에 따라 인지발달 이론, 신체발달 이론, 사회 · 정서발달 이론 등으로 분류되거나, 심리학자가 인간 성장발달에 관하여 어떤 관점을 주장하는가에 따라 자연주의 이론, 행동주의 이론, 구성주의 이론 등으로 분류되기도 한다.

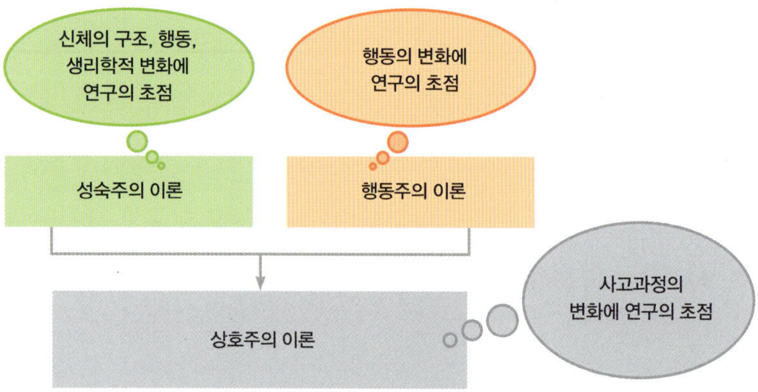

[그림 1-1] 인간성장발달 이론

그런데 인간의 성장과 발달을 도와주기 위해 수행되는 교육현장에서는 이들 다양한 이론들이 고루 적용될 수 있다. 바꾸어 말하면, 신체, 언어/인지, 사회/정서 등 인간의 여러 측면의 성장과 발달을 도모하는 교육의 현장에서는 각 측면의 발달과정을 다양한 측면에서 규명하고 있는 심리학의 여러 이론들이 적절하게 적용되어야 한다는 것이다. 따라서 교사는 각각의 이론들에 대하여 어느 것이 맞고 틀린다든지, 또는 어느 이론이 다른 이론보다 더 우월하다는 관점에서가 아니라, 필요에 따라 영 · 유아들의 특정 영역의 성장과 발달을 설명하고 있는 이론을 찾아 적용하는 것이 더 중요하다. 본 장에서는 영 · 유아를 위한 수학교육에 적용할 수 있는 행동주의 이론, 구성주의 이론, 다중지능이론, 그리고 두뇌발달 연구결과에 대하여 간단히 설명하고자 한다.

1) 행동주의 이론

❶ 행동주의 이론의 내용

행동주의 이론은 러시아의 심리학자 파블로브(Pavlov)의 고전적 조건화의 이론으로부터 시작되어 왓슨(Watson), 스키너(Skinner), 반두라(Bandura)에게로 이어진 이론들로, "인간이 특정한 행동을 학습하는 과정"을 규명한 이론이다. 학습이론(learning Theory)이라고도 불리는 이들 이론에서 공통적으로 제시하고 있는 것은, 인간은 외부 환경으로부터 자극이 지속적으로 주어진다면 그 자극이나 자극에 관련된 내용을 학습할 수 있다는 것이다.

파블로브는 음식을 주면 침을 흘리는 개에게 음식과 함께 항상 종소리를 들려주는 자극을 반복하여 주었더니 마침내 개가 종소리만 듣고도 침을 흘리는 반응을 하는 것을 발견하였다. 즉, 외부로부터 음식과 종소리라는 자극이 지속적으로 주어졌을 때 그 자극과 연결되어 있는 침 흘리는 반응행동을 학습하여 종소리만 듣고도 침을 흘리게 된 것이다.

왓슨은 파블로브의 이론을 인간을 대상으로 실험하였다. 털이 있는 동물인형을 좋아하는 알버트(Albert)라는 아이에게 동물인형과 함께 매우 큰 소리의 자극을 반복적으로 주었더니 알버트는 마침내 털이 있는 것은 무엇이든 보기만 해도 싫어하게 되었다. 털이 있는 물건이 보이면 자기가 싫어하는 큰 소리가 날 것을 학습하였기 때문이다. 이 실험을 통해 왓슨은 인간도 동물과 마찬가지로 외부로부터 반복적인 자극을 지속적으로 받게 되면 그 자극과 연결된 반응행동을 학습하게 된다는 결론을 내리게 되었다.

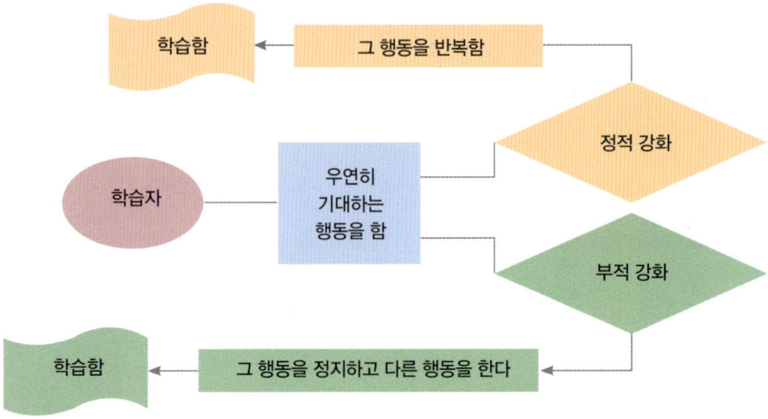

[그림 1-2] 스키너의 도구적 조건화 이론

스키너는 비둘기를 대상으로 하여 손잡이를 누르는 행동이 나타났을 때 먹이를 주는 경험을 지속적으로 반복하면 마침내 의도적으로 손잡이를 누르는 행동을 학습하게 된다는 것을 발견하였다. 이 실험을 통해 스키너는 인간의 경우도 기대하는 행동을 학습하게 하려면 다양한 종류의 보상을 적절하게 제공해 주어 그 행동을 효율적으로 학습하게 할 수 있다는 도구적 조건화의 이론(Instrumental Conditioning Theory)을 정립하였다. 또 그는 이러한 보상을 강화(Reinforcement)라고 명명하였는데, 강화의 종류에는 기대하는 행동을 계속하게 하는 정적 강화(Positive Reinforcement), 그 행동을 멈추고 다른 행동을 하게 하는 부적 강화(Negative Reinforcement), 구체적인 물건을 제공하는 일차적 강화(Primary Reinforcement), 칭찬 등의 말로 제공하는 이차적 강화(Secondary Reinforcement), 행동이 나타날 때마다 주는 지속적 강화(Continuous Reinforcement), 행동이 나타날 때 불규칙적으로 주는 간헐적 강화(Partial Reinforcement) 등이 있다. 스키너는 이러한 다양한 종류의 강화를 계획적으로 사용하면 특정한 행동을 없애고 다른 행동으로 대치하는 행동수정(Behavior modification)도 가능하다고 주장하였다.

파블로브나 왓슨, 스키너와는 달리, 반두라는 행동을 반복하지 않고 단순히 다른 사람의 행동을 관찰하여 모방하는 것에 의해서도 학습이 가능하다는 사실을 발견하였다. 즉 인간은 특별한 자극이나 보상 받는 경험을 반복적으로 하지 않더라도 다른 사람의 행동에 주의를 기울이고, 관찰하여, 이를 기억했다가 유사한 경우에 비슷한 행동으로 재생하는 모방의 과정을 반복함으로써 기대되는 행동을 학습할 수 있다는 것이다. 반두라는 특히 자신에게 중요한 대상의 행동, 즉 부모나 교사, 친구 등의 행동이 주된 모방의 대상이 된다고 하였다. 최근 두뇌발달연구에서 인간에게는 '모방을 통한 행동의 습득을 담당하는 거울세포'가 있다는 사실이 밝혀짐에 따라(Hardiman, 2010), 반두라의 모방이론은 앞으로도 더 많은 연구의 대상이 될 것으로 짐작된다.

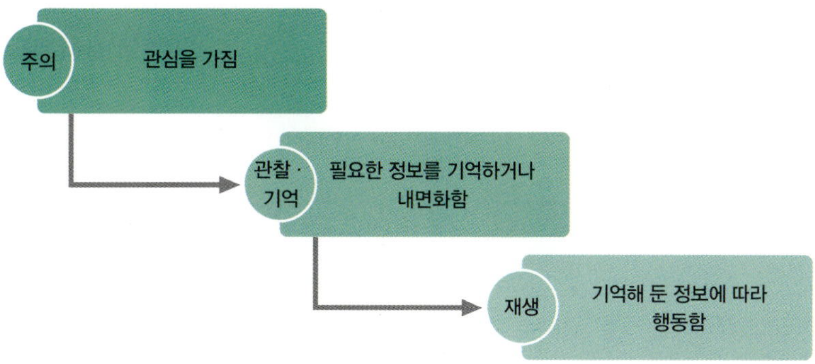

[그림 1-3] 반두라의 모방의 과정

❷ 행동주의 이론과 수학교육

인간의 성장과 발달은 태어난 이후에 환경에서 어떤 자극을 받고 어떤 경험을 하느냐에 의해 결정된다는 것을 주장한 행동주의 이론은 1960년대 이후 수학교육의 방법을 결정하는 이론적 근거를 제시해 주었다. 즉, 수학교육에서도 학습자에게 어떤 과제를 반복적으로 경험하게 하거나, 반복 경험하는 과정에서 적절한 강화를 줌으로써 수학적 개념을 발달시킬 수 있다고 보았던 것이다. 그 결과 1900년대 말까지의 수학교육은 사물들의 관계에 대한 논리적인 원리를 스스로 이해하도록 하기보다는, 주입식으로 제공된 여러 가지의 공식과 문제 푸는 방법을 외워서 반복적으로 유사한 문제를 풀게 하는 방향으로 이루어져 왔다.

그러나 인지발달이란 단순히 외부로부터 주어진 자극을 학습함으로써 일어나는 것이 아니라 환경과의 적극적인 상호작용을 통해 스스로 구성해 나가는 과정이라는 구성주의 이론이 대두됨에 따라, 오늘날 행동주의 이론은 수학교육에서 거의 적용되지 않고 있다. 다만 수학교육의 내용 중에서도 단순한 반복이나 기억이 필요한 내용의 학습, 즉 영 · 유아들에게 도구적인 의미로 수 이름을 알게 한다거나, 숫자를 쓰게 하는 것 등의 내용을 교육하거나, 영 · 유아들이 이미 습득한 개념이나 수학적 기술이 더 능숙해지도록 반복하거나 연습하는 과정에 이 이론을 적용하고 있다. 수학은 단순한 수학적 기술 이외에 논리적인 사고력도 포함하는 학문이라는 측면에서 본다면 수학교육에서 행동주의 이론이 적용될 수 있는 범위는 제한적이라 할 수 있다.

2) 구성주의 이론

인간의 인지는 가지고 태어난 능력을 바탕으로 스스로 환경과 적극적으로 상호작용 하는 과정에서 주체적으로 새로운 지식을 이해하고 구성함으로써 발달한다고 보는 관점인 구성주의 이론은, 인간 성장발달이 성숙에 의해 결정된다는 자연주의나 환경적 요인에 의해서 결정된다는 행동주의와 구분되며, 피아제(Piaget)의 이론과 비고츠키(Vygotsky)의 이론을 포함하고 있다.

❶ 피아제 이론의 내용

피아제에 의하면 영 · 유아들은 스스로 주변의 사물, 사람, 사건들을 경험하고 그것들과 상호작용하는 과정에서 스스로가 가지고 태어난 도식(Schema)들을 지속적으로 동화(Assimilation)하고 조절(Accommodation)함으로써 인지를 구성(Construct)해 나가는데 이것이 인지가 발달하는 과정이다. 그리고 외부로부터의 자극을 동화하고 조절하는 과정은 지식의 종류에 따라 다르게 진행되는데, 물리적 지식인 경우 다섯 가지의 감각기관을 사용하여 직접 경험하는 것을 통해, 사회적 지식인 경우 다른 사람들에게서 배우는 것에 의해, 그리고 논리-수학적 지식인 경우 스스로 사물들 간에 관계를 만들어 생각하는 것에 의해 습득되고 발달되는 것이라고 보았다. 이러한 피아제의 이론은 영 · 유아들이 적극적으로 외부와 상호작용할 수 있도록 다양하고 풍부한 환경을 준비해 주는 것이 영 · 유아들의 인지발달을 도울 수 있는 길임을 제시하였다(McDevitt & Ormrod, 2007; Puckett & Black, 2005; Trawick-Smith, 2003).

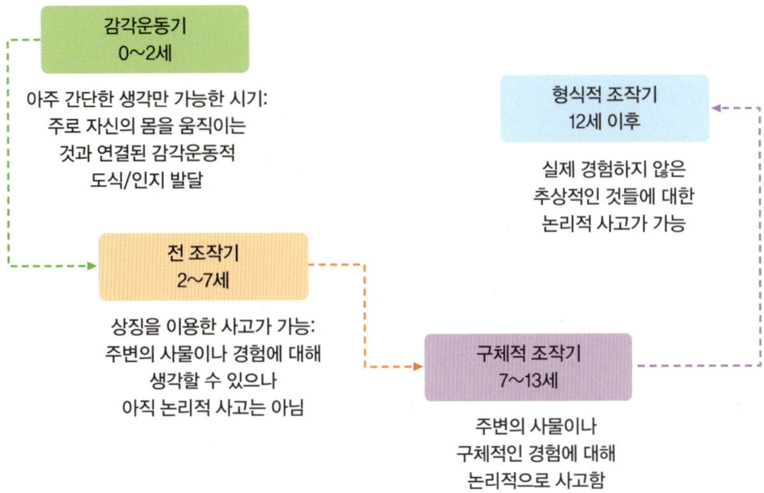

[그림 1-4] 피아제의 인지발달 단계

피아제의 이론에서 또 하나 주목할 내용은 감각운동기(0~2세), 전 조작기(2~7세), 구체적 조작기(7~12세), 형식적 조작기(12세 이후)로 이어지는 인지발달의 단계에 관한 것이다. 이들 중 영 · 유아기가 속하는 시기는 감각운동기와 전 조작기인데, 감각운동기에는 순환반응들을 통하여 자신의 신체 움직임과 생각을 연결하는 감각운동적인 인지가 주로 발달하며, 눈에 보이지 않지만 대상이 존재한다는 것을 아는 대상의 영속성 개념이 발달한다. 특히 대상의 영속성에 대한 개념이 발달한다는 것은 상징을 통해 생각할 수 있는 능력이 발달된다는 것을 의미한다. 전 조작기는 사물이나 사건에 대해 생각은 할 수 있으나 그 생각이 아직 완전히 논리적이지 못한 직관적 사고 또는 전 논리적 사고를 하는 시기이다. 영 · 유아기의 전 논리적 사고의 특징으로는 중심화, 자기중심적 사고, 가역적 사고의 결여, 전환적 사고 등을 들 수 있는데, 이 시기의 이러한 제한적 사고는 건강한 인지발달의 과정으로 다음 단계의 논리적 사고 발달의 기초를 제공해 준다(McDevitt & Ormrod, 2007; Puckett & Black, 2005; Trawick-Smith, 2003). 구체적 조작기는 주변 환경의 구체적 사물이나 경험 등에 대하여 논리적으로 사고를 할 수 있게 되는 시기이다. 이 시기의 아동들은 전 조작기에 보여준 전 논리적 사고의 특징들을 모두 극복하게 되어 마침내 공간적으로 사물의 위치나 배열이 바뀌어도 그 수나 양은 동일함을 이해하는 보존개념을 습득하게 된다. 보존개념은 유아기의 다양한 수학적 활동을 통하여 전 논리적 사고를 해보는 많은 경험을 함으로써 스스로 구성하여 터득하게 되는 것이며, 유사한 문제를 많이 풀어보게 한다고 해서 습득되는 것은 아니다. 마지막으로 형식적 조작기는 직접 경험하지 않고도 주변 사물들의 관계나 현상을 수학적, 논리적으로 파악하고 추론할 수 있게 되는 시기이다. 달에 직접 가 본 경험이 없어도 지구와 달의 특징, 두 별 사이의 관계 등을 토대로 하여 우주선이 왕복하는 데 필요한 여러 가지를 알아내고 계산해 내는 것은 형식적 조작을 할 수 있음을 보여주는 예이다.

❷ 피아제의 이론과 수학교육

영 · 유아들은 잘 준비된 환경과 적극적으로 상호작용 함으로써 이전의 지식이나 경험을 동화하거나 조절하는 과정을 통해 그들의 내부에서 스스로 의미나 지식을 구성해 간다고 주장한 피아제의 이론은, 1980년대 이후부터 지금까지 영 · 유아를 대상으로 한 수학교육의 방향이나 방법에 가장 큰 영향을 미친 이론이라 할 수 있다.

전환적 추론	사물이나 사건들을 자기 나름대로 관련지어 생각함
물활론적 사고	모든 것, 특히 움직이는 것은 살아 있다고 생각하는 것
비가역적 사고	사물의 외형이 바뀐 경우 원래의 모습대로 돌아갈 수 있다고 생각하지 않음
중심화	사물이나 사건의 여러 가지 요인들 중 한 번에 한 가지의 요인에만 초점을 맞추어 생각함
자기중심적 사고	모든 것을 자기의 관점에서만 생각하므로 다른 사람의 견해를 이해하지 못함

[그림 1-5] 전 조작적 사고의 특징

피아제의 이론에서는 주변 사물들 간의 관계에 대한 논리적 사고를 요구하는 수학적 지식은 단순한 반복이나 경험, 모방 등에 의해 발달되는 것이 아니고 스스로의 이해를 기반으로 발달하는 것이므로, 직접적, 주입식의 교수를 지양하고, 풍부하며 적절한 인지적 갈등을 유발할 수 있는 놀이 환경을 제공하여 영 · 유아들이 스스로 주변을 탐색하고 경험하도록 격려해야 한다는 교육의 원리를 시사하고 있다. 따라서 지각에 근거한 전 논리적 사고를 하는 2~4세의 시기에는 영 · 유아들로 하여금 일상생활에서 감각기관을 통해 가능한 많은 사물들을 직접 경험해 보고, 구체적이고 단순한 속성들에 따라 다양한 사물들을 비교해 보고, 짝 지어 보고, 순서 지어 보고, 분류해 보는 등의 다양한 활동을 해 보게 하며, 구체적 조작기로 넘어가는 과도기에 있는 5~7세 영 · 유아들의 경우 일상생활에서 실물이나 모형들을 이용하여 수의 분해와 합성, 사물이나 수의 전체와 부분, 공간과 도형, 측정 등에 대한 다양한 경험을 하도록 함으로써 영 · 유아들이 스스로 수 개념을 구성하고 발달시켜야 한다는 것이다. 또한 이 과정에서 교사는 영 · 유아들이 환경에서 경험한 것들에 대하여 자신의 생각이나 느낌을 '예, 아니오' 또는 '한 단어'의 답이 아니라, 자신의 언어로 만들어진 긴 문장으로 답할 수 있는 다양한 개방형 질문을 해 주어 영 · 유아들이 스스로의 경험을 동화, 조절하고 나아가 논리수학적 지식을 구성할 수 있도록 도와주어야 한다(Mooney, 2000).

❸ 비고츠키 이론의 내용

비고츠키도 피아제와 같이 영 · 유아들이 환경 내에서의 여러 가지 활동을 통해 스스로 인지를 구성해 간다는 이론을 제시하였다. 비고츠키에 의하면, 지식이란 한 공동체로서의 사회집단이 긴 역사를 통해 쌓아온 문화적 산물이며, 따라서 인간의 외부에 존재하는 외적인 것이다. 그리고 인지발달이란 두 가지의 과정, 즉, 다른 사람들과의 상호작용을 통해서 자기의 외부에 존재하는 지식을 배우는 과정과, 배운 지식을 내적 언어를 활용하여 자기만의 것으로 구성해 나가는 내면화 과정을 거침으로써 이루어지는 것이라고 설명하였다. 즉, 영 · 유아들은 교사나 부모, 자신보다 발달이 앞서가는 또래들과 언어를 통한 사회적 상호작용(Social Interaction)을 함으로써 외적인 지식을 배우게 되며, 이때에 배운 내용을 스스로의 반복적 경험과 사고를 통하여 내면화(Internalization)함으로써 자신의 지식으로 구성(Construct)해 나간다는 것이다. 그리고 비고츠키는 사회적 상호작용이 결국 언어를 통하여 외적 지식을 유아에게 전달하는 것이며, 또한 언어를 매개로 한 사고의 과정을 통해 배운 지식이 내면화되어 자기만의 지식으로 구성되므로, 인지 발달에 있어 언어는 매우 중요한 역할을 한다고 보았다(Vygotsky, 1978).

비고츠키는 또 인지발달이란 궁극적으로 인간의 내부에서 변화가 일어나는 것이지만 그 변화가 일어날 수 있도록 하기 위해서는 환경으로부터 적절한 도움이 주어져야 한다고 보았다. 그는 환경으로부터의 도움의 효과가 가장 크게 나타날 수 있는 시기를 근접발달영역(Zone of Proximal Development: ZPD)으로 정의하고, 이 시기에 주어지는 도움을 스캐폴딩(Scaffolding)이라고 지칭하였다. 근접발달영역이란 발달이라는 변화가 일어나는 연속적인 과정 중에서 부모나 교사, 또는 이미 발달을 이룬 다른 친구의 도움을 조금만 받으면 새로운 또는 조금 더 어려운 단계로의 변화가 쉽게 일어날 수 있는 시기를 의미한다. 그리고 바로 이때 새로운 단계로의 발달을 더 쉽게 효율적으로 이룰 수 있도록 주어지는 조언, 제안, 모델 보여주기, 칭찬하기, 결과에 대한 의견주기, 질문하기 등이 바로 스캐폴딩인 것이다. 그리고 이와 함께 영 · 유아들이 환경으로부터의 도움을 발판으로 하여 다음 단계로의 변화를 이루면 그 변화를 완전히 자기의 것으로 만드는 내면화 과정을 반드시 갖도록 해 주는 것이 중요함을 강조하였다. 즉, 환경으로부터의 사회적 상호작용을 통해 이룬 변화를 스스로의 반복적인 경험이나 실천을 통해 자기 나름대로의 지식으로 형성해 나가는 과정을 거침으로써 비로소 완전한 발달을 이룰 수 있으며, 또 그 다음 단계로의 변화를 위한 근접발달영역에 도달할 수 있게 된다는 것이다(Vygotsky, 1978). 비고츠키는 영 · 유아들의 발달을 도와주기 위해서는 교사나 부모가 그들이 근접발달영역에 도달하였는지의 여부를 잘 파악하여 적절한 도움을 줄 수 있어야 한다고 하였다.

❹ 비고츠키의 이론과 수학교육

비고츠키의 이론은 1990년대 이후 수학교육을 비롯한 유아교육 전반에 지대한 영향을 미쳤다. 비고츠키의 이론에서 제시하고 있는 인지발달의 두 가지 과정이란 비록 인지가 스스로 구성하여 발달하는 것이지만, 그 과정에는 교사나 부모, 앞서가는 또래들로부터의 도움이 필요하므로, 교사나 부모가 언어적 상호작용을 통해 여러 가지의 수학 개념을 소개해 준다든지, 또래들과의 사회적 상호작용을 통해서 그들로부터 수학적 기술을 배운다든지 하는 것이 필요함을 시사하고 있다. 또 외부의 도움으로 학습이 이루어진 이후에는 영 · 유아 스스로 배운 내용들을 자기의 것으로 형성해 나가는 내면화의 기회를 가지는 것이 필요함을 강조하였다. 즉 부모나 교사가 수학적 개념을 가르쳤다면 그 이후에 스스로가 배운 개념을 다양한 놀이 활동들을 통하여 충분히 반복해 볼 수 있는 기회를 주어야 한다는 것이다. 또한 교사나 부모는 영 · 유아들을 세심하게 관찰하여 그들이 특정한 수학적 개념을 배울 수 있는 근접발달영역에 도달했는지를 찾아내고, 그 시기와 내용에 적절한 다양한 활동, 상호작용, 스캐폴딩을 제공함으로써 적극적으로 그들의 수학적 지식의 구성을 도와줄 수 있다는 점 등도 시사하고 있다.

3) 다중지능이론

❶ 다중지능이론의 내용

하버드 대학 심리학과 교수인 가드너(Gardner)는 지능이란 문제를 찾아내고 해결하는 데 사용하는 능력, 또는 그 사회에서 가치 있다고 여겨지는 산물들을 만들어 낼 수 있는 능력을 의미한다고 하였다(Gardner, 1991). 그는 또 인간의 지능은 전통적인 학교교육에서 중요시 하던 논리/수학적 지능이나 언어적 지능만이 아니라 최소한 여덟 가지의 인지 능력들을 의미한다고 보았는데, 언어적 지능, 논리/수학적 지능, 공간적 지능, 신체/촉각적 지능, 음악적 지능, 대인관계 지능, 자기이해 지능, 그리고 자연 지능 등이 그것들이다. 그리고 모든 사람은, 각각 그 정도와 수준이 다르기는 하지만 이 여덟 가지 중 하나 또는 둘 이상의 영역에서 특별히 발달된 지능을 가지고 있다고 보았다. 즉, 어떤 사람은 언어적 지능이 뛰어나고, 어떤 사람의 경우 음악적 지능이 뛰어나며, 또 어떤 사람은 논리/수학적 지능과 자연적 지능이 함께 뛰어나는 등 개인에 따라 어느 한 가지 또는 몇 가지가 다른 것들에 비해 더 많이 발달되어 그 사람의 특성이나 특별히 잘하는 능력으로 나타난다는 것이다. 가드너는 이러한 개인적 특징 또는 개인차는 그 사람이 어떤 유전적 요인을 가지고 태어나서 어떤 환경에서 자라왔는지에 따라 결정된다고 보았는데 이것이 바로 오늘날 세계적으로 교육학계에서 가장 영향력 있는 이론 중 하나로 받아들여지고 있는 다중지능이론이다.

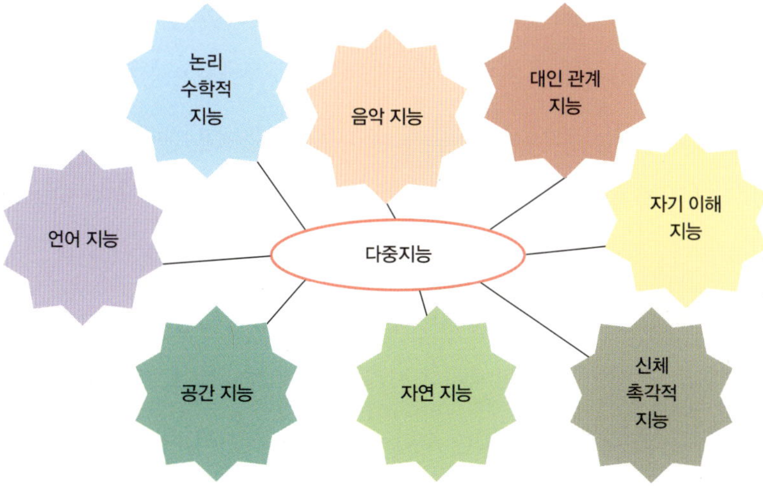

[그림 1-6] 가드너의 다중지능

가드너가 말한 대로 특정 유형의 지능이 다른 것들보다 더 많이 발달되었다는 것은 다른 사람들보다 그쪽으로 더 능력이 있다는 것을 의미하는 동시에, 그런 방법이나 활동을 통해 더 잘 배울 수 있다는 것을 의미하기도 한다. 다시 말하면 신체/촉각적 지능이 특히 발달하였다는 것은, 신체적 활동을 다른 사람에 비해 더 잘한다는 것을 의미하는 동시에, 신체적 활동을 통하여 개념이나 기술들을 더 쉽게 배울 수 있음을 의미한다는 것이다. 또 우수한 음악적 지능을 가진 사람은, 남들보다 음악을 더 잘할 수도 있으며, 동시에 음악을 통해 일반적인 정보나 지식도 더 잘 배우게 된다는 것이다. 평소에는 영어 단어를 아무리 외우려 해도 잘 안 되지만 팝송을 들으면 가사 속 단어를 외우지 말라고 해도 잘 외우게 되는 경우가 바로 그 예이다.

❷ 다중지능이론과 수학교육

가드너의 다중지능이론은 영 · 유아들의 개인차와 다양성을 존중한다는 측면에서 유아교육이나 수학교육뿐 아니라 모든 수준의 교육, 모든 내용의 교육에서 적용되고 있는 이론이다. 뿐만 아니라 교사들이 학생들을 가르칠 때 각각의 학생이 가진 지능의 유형을 파악하고 그 학생이 가장 효율적으로 배울 수 있는 학습방식을 통하여 새로운 개념이나 기술을 가르쳐야 한다는 점도 시사하고 있다. 바꾸어 말하면 개개 영 · 유아에게 어떤 종류의 지능이 더 강하게 나타나는지를 파악함으로써, 그 아이에게 가장 효율적인 학습 방식을 알아내고, 그에 따라 어떤 활동을, 어떤 방법으로, 어떤 교육 자료를 사용하여 가르칠 것인지 판단하고 계획하는 것이 효율적인 교육이 될 수 있음을 강조하는 이론이다. 따라서 수학교육을 할 때 어떤 아이에게서 신체/촉각적 지능이 특히 발달하였다는 것을 교사가 발견했다면 그 아이에게 새로운 수학 개념을 가르칠 때 적절한 신체적 활동을 계획하여 수행한다거나, 자유놀이시간에 그 아이가 알고 있는 것을 신체/촉각적인 방법으로 표현해 보게 하는 등의 방법으로 그 아이가 주어진 수학 개념을 더 쉽게 배우도록, 알고 있는 바를 더 잘 표현해 보도록 해 주어야 한다는 것이다. 즉, 영 · 유아들이 수학적 개념을 배우거나 문제를 해결할 때 자기가 가장 잘하거나 쉽게 이해할 수 있는 방법을 사용하는 것이 존중되어야 하며, 교사는 개개 영 · 유아가 가진 다중지능을 고려하여 다양한 교수 방법을 유연하게 조절하여 사용할 수 있어야 한다.

4) 두뇌발달 연구의 결과

❶ 두뇌발달 연구의 내용

두뇌는 우리의 신체가 환경에 적응하거나 대응하도록 신체의 모든 기관을 물리적, 화학적으로 조절하고, 우리 몸의 모든 인지적, 생리적 기제를 통제하는 역할을 함으로써 우리의 생명활동을 가능하게 하는 중요한 기관이다. 두뇌의 이러한 작용은 두뇌를 구성하고 있는 신경세포들이 인접한 신경세포와 연결되어 전기 · 화학적인 방법으로 신호를 주고받음으로써 이루어지는데, 출생 시의 정상적인 신생아의 두뇌는 수억 개의 신경세포로 구성되어 있다. 두뇌가 발달한다는 것은 이들 신경세포들이 연결되어 시냅스를 만들고, 신경세포들을 연결하는 수상돌기와 축색을 둘러싸는 수초가 증가하며, 연관이 있는 시냅스들이 회로를 형성하는 것을 의미한다. 그 결과 두뇌는 더 많은 정보를 저장하게 되며, 더 세분화된 정보들을 더 정확히 주고받음으로써, 우리는 더 많은 것들을 느끼고, 이해하며, 더 많은 기능을 정확하고 신속하게 수행할 수 있게 되는 것이다(배소연, 2014).

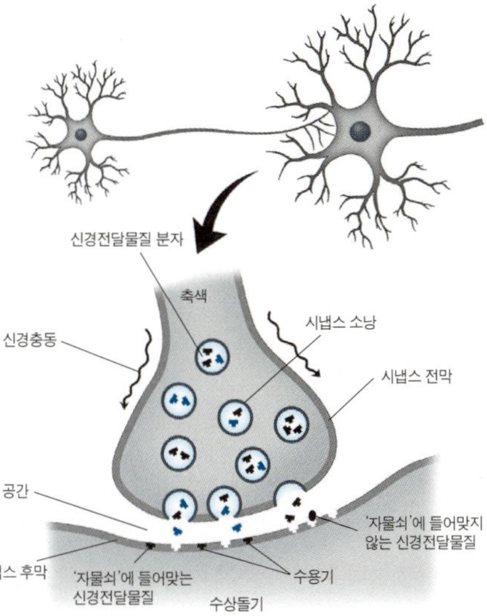

[그림 1-7] 신경세포의 연결

이러한 두뇌의 발달은 영 · 유아기에 가장 급속히 일어나며, 성인기까지 지속적으로 이루어지는데, 두뇌의 발달에 영향을 미치는 중요한 요인들에는 영양, 다양하고 반복적인 경험, 양육자와의 질적인 상호작용, 스트레스의 예방과 스트레스로부터의 보호 등이 포함된다. 이들 요인들은 시냅스의 형성과 기능을 활성화하며, 수초의 형성을 촉진하므로 두뇌발달에 결정적인 영향을 미친다. 즉, 스트레스를 받지 않는 편안한 환경에서, 부모나 교사 등의 양육자가 이야기하기, 노래하기, 놀기, 책 읽어주기 등의 다양한 활동을 반복적으로 영 · 유아에게 제공해 주며, 동시에 유아들과 친밀하고, 반응적이며, 지원적인 상호작용을 해 주는 것이 두뇌발달에 영향을 미치는 중요한 요인이라는 것이다. 이는 유아들이 더 많은 경험을 하고, 양육자와 다양한 상호작용을 더 많이 할수록, 또 스트레스를 덜 받을수록 두뇌는 더 많은 자극을 받게 되고, 그 자극과 관계된 더 많은 시냅스들을 형성하기 때문이다(배소연, 2014).

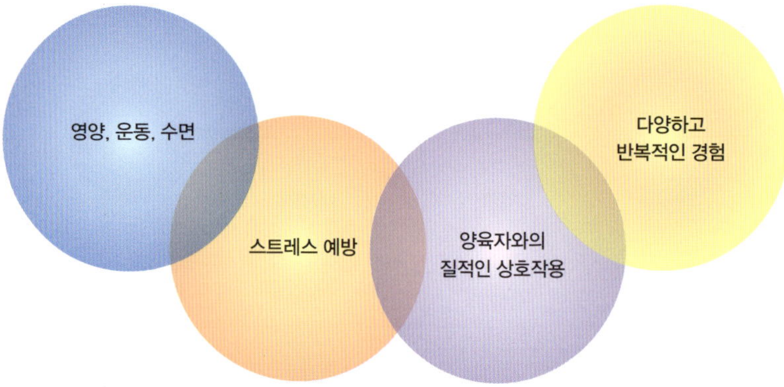

[그림 1-8] 두뇌발달에 영향을 미치는 환경적 요인들

두뇌발달에 대한 연구로 밝혀진 중요한 연구결과들 중의 하나는 시냅스들 간의 회로가 형성될 때 (1) 단순하고 쉬우며, 기본적인 기능을 담당하는 회로가 먼저 형성된 이후에, 그것을 토대로 하여 (2) 복잡하고, 어려우며, 고차원적인 기능을 담당하는 회로가 형성된다는 것이다. 즉, 우리 몸의 가장 기본적인 기능이라 볼 수 있는 시각이나 청각 등의 감각을 담당하는 회로들이 가장 먼저 발달되고, 그것을 토대로 하여 공간지각, 언어, 논리적 사고 등과 관계된 회로들이 그 이후에 발달하게 된다는 것이다. 또 시각적 정보를 분석하는 신경회로들 중에서도 색, 모양, 움직임 등의 기초적인 정보를 분석하는 회로들이 먼저 발달한 후 그것에 연결되어, 얼굴표정이나 늘 사용하는 물건들을 알아보거나 의미 있는 정보를 인지하는 등 좀 더 복잡한 자극들을 해석하는 회로들이 발달하게 된다는 것이다. 뿐만 아니라, 기초적인 정보를 처리하는 회로가 발달하는 시기에는 그 회로가 담당하는 기능에

적합한 경험을 하는 것이 회로의 발달에 도움이 되며, 그 회로에 해당되지 않는 경험들을 하는 것은 회로의 구축이나 발달에 아무런 도움을 주지 않는다는 것도 두뇌발달에 대한 연구로 밝혀진 중요한 결과들 중 하나이다(배소연, 2014).

❷ 두뇌발달 연구의 결과와 수학교육

일반적인 두뇌발달에 대한 연구의 결과와 함께, 수학과 관련된 두뇌 발달에 대한 연구도 지난 20여 년간 활발하게 진행되어 왔다. 그들에 의하면, 앞 절에서 언급한 바와 같이, 인간은 태어날 때 3 이하의 수를 이해하는 수 감각과 수를 어림하는 능력을 가지고 있으며, 3보다 큰 수를 이해하고 비교하며, 계산하는 능력은 이후에 언어능력의 발달에 따라 가능하게 된다고 한다. 또 아이들은 수량을 비교하거나 계산할 때 성인과는 다른 기능을 필요로 하며, 수 처리를 담당하는 뇌의 부위도 성인의 그것과는 다르다는 것도 밝혀졌다(Ansari, 2010). 두뇌에 대해서는 방대한 양의 연구가 거의 매일 쏟아져 나오고 있으므로 두뇌 발달 연구에서 밝혀진 정보는 교육의 장에 적용되기 이전에, 그 정보가 정확한지, 타당한지, 다수의 참여자를 대상으로 연구가 이루어진 것이며 일반화시킬 수 있는지 등을 판단할 수 있어야 한다. 다만 지금까지 발표된 내용을 토대로 수학교육에 적용할 수 있는 시사점을 요약해 보면 (가) 수학교육은 기초적이고 쉬운 개념부터 점차 어렵고, 고차원적인 것으로 옮아가는 체계적인 방법으로 이루어져야 한다는 것, (나) 영 · 유아들이 일상생활에서 다양하고 반복적인 경험을 함으로써 수처리를 담당하는 회로들이 구축될 수 있도록 해주어야 한다는 것, (다) 두뇌 발달, 즉 신경회로의 발달에 적합한 경험을 하도록 해 주어야 한다는 것, (라) 신경회로가 구축되는 과정에는 유전적 요인과 환경적인 요인에 의해 발생한 개인차가 존재하므로 개인차를 고려한 교육을 해야 한다는 것, (마) 전체적인 두뇌발달이 잘 이루어지도록 적절하고 충분한 정서적 지원을 해 주어야 한다는 것 등을 들 수 있다(Ansari, 2010; Dehaene, 2010; Devlin, 2010).

4. 수학교육의 문제점과 개선 방향

21세기 정보화 사회는 인간의 문제 해결력, 그중에서도 복잡한 현상을 논리 · 수학적으로 이해하고 창의적으로 해결하는 능력을 더욱 필요로 하고 있다. 특히 현대사회에서는 국가적 차원에서 수학 능력이 중시되고 있고, 앞으로는 여러 학문의 영역과의 접목을 통해 수학 능력의 활용이 늘어날 것으로 전망하고 있다(홍혜경, 2010). 앞 절에서 언급한 수학교육의 기초가 되는 이론들을 토대로 하여 우리나라 유아 수학교육의 문제점과 함께 나아가야 할 방향을 살펴보면 다음과 같다.

첫째, 수학교육이 계열성을 고려하지 않고 이루어지고 있다. 수학이라는 학문은 여느 학문보다 계열성을 중요시해야 하는데, 이는 수학에는 먼저 배워야 할 개념과 나중에 배워야 하는 개념이 있기 때문이다. 따라서 수학교육을 할 때에도 먼저 다루어져야 할 내용과 나중에 다루어져야 할 내용을 단계적으로 소개하여야 하며, 같은 개념이라도 쉬운 내용을 먼저 경험하게 하고, 어려운 내용으로 옮겨 가야 한다. 예를 들면 수의 합성과 분해에 대한 개념은 더하기와 빼기를 배우기 이전에 습득해야 하는 개념이고, 같은 분류하기를 할 때에도 구체적인 속성에 따라 분류하기는 추상적인 속성에 따라 분류하기보다 먼저 소개되어야 한다는 것이다. 하지만 교육현장에서는 수학교육 내용의 계열성과 체계성을 고려하지 않고, 주제와 연관 있는 교구만 제시하는 경우가 많다. 즉, 만 5세 학급의 학기 말 시기에도 그 시기의 유아들에게 도전적 과제가 되지 못하는 구체적 속성에 의한 단순 분류의 교구를 제시하는 경우가 있어 수학에 대한 흥미를 떨어뜨리고 있다. 따라서 교사는 수학교육의 연간교육계획을 세워 영 · 유아의 발달에 적합한 수학교육을 수행할 수 있어야 한다. 참고로 유아중심, 놀이중심의 통합적 접근방법에 의한 유아교육을 강조하는 미국의 교육에서도 유치원에서의 수학교육은 독립된 체계적 수학교육프로그램을 통해 이루어지고 있다는 것은 주목할 만한 사실이다.

둘째, 다양한 내용의 수학교육이 이루어져야 한다. 개정된 누리과정에서는 수학교육의 내용을 물체를 세어 수량을 알아보기, 물체의 위치와 방향, 모양을 알고 구별하기, 일상에서 길이, 무게 등의 속성을 비교하기, 주변에서 반복되는 규칙을 찾기, 일상에서 모은 자료를 기준에 따라 분류하기, 궁금한 것을 탐구하는 과정에 즐겁게 참여하기, 탐구과정에서 서로 다른 생각에 관심을 가지기로 나누어 제시하고 있다. 하지만 유아교육 현장에서는 물체를 세어 수량을 알아보기, 물체의 위치와 방향, 모양을 알고 구별하기와 관련된 내용을 중점적으로 다루고 있다(강민정, 한선아, 차영숙, 2013). 따라서 수학적 지식과 기술 뿐 아니라 수학적 사고력이 발달하는 데 필요한 다양한 수학교육의 내용이 균형 있게 다루어질 필요가 있다.

셋째, 다양한 활동을 통한 수학교육이 이루어져야 한다. 유아교육 현장에서의 수학교육은 자유놀이 시간에 실내에 마련된 수 · 조작영역에서 이루어지는 활동이 주를 이루고 있는 실정이다. 학습의 효과가 영 · 유아 스스로 참여하고 주도하는 자유놀이를 통해서 극대화되는 것이 중요하지만 영 · 유아에 따라 또는 수학교육의 내용에 따라 자유놀이 이외에 대 · 소집단 활동을 이용한 교사가 안내하는 놀이를 통해서도 수학교육이 이루어질 필요가 있다. 이를 위해서는 교사가 먼저 수학교육을 통해 어떤 내용을 어떻게, 왜 가르쳐야 하는지를 명확하게 알고 있어야 한다. 그리고 영 · 유아들의 적극적인 참여를 유발할 수 있는 재미있고 유익한 놀이활동을 계획하여 수행할 수 있어야 한다.

넷째, 유아기 수학교육의 내용으로 수학적 사고 또는 논리적으로 사고하는 능력이 포함되고 강조되어야 한다. 수학적 사고능력 및 태도에는 문제의 해결을 위해 생각하는 능력, 문제를 해결하는 능력, 자신의 생각이나 의견, 느낌을 여러 가지의 방법으로 표현하여 다른 사람과 나눌 수 있는 능력, 그리고 알고 있는 수학적 지식이나 기술을 일상생활에 연결하여 적극적으로 사용하고자 하는 태도 등이 포함된다. 21세기를 살아가기 위해서는 영 · 유아들이 생각하는 능력을 길러 새로운 상황에 적절히 대처하고 주어진 문제를 해결할 수 있어야 한다는 것을 생각한다면 유아기부터 수학교육을 통해 수학적으로 또는 논리적으로 사고하는 능력과 태도를 길러 주는 것이 반드시 필요한 일이다.

마지막으로 교사들이 수학교육의 내용을 충분히 이해한 후 수학교육을 수행해야 한다. 유치원에서 진행되는 주제 내에서 수학교육이 대충 이루어지고 있다. 수학교육은 수학적 개념 습득의 과정이라든지, 수학교육에서 다루어야 할 내용, 수학적 사고의 특징과 교육 방법 등을 고려하여 체계적으로 이루어져야 함에도 불구하고, 이들에 대한 고려 없이 학급에서 진행되고 있는 주제와 관련된 활동을 단편적으로 수업하거나 관련 교구만 제시하는 경우가 많다. 예를 들어 '동물'이라는 주제를 수업하는 과정에서 그림을 그린 병아리를 세어 본다거나, 동물들을 분류할 수 있는 교구만 수 · 조작영역에 제공해 주고 수학교육을 하였다고 오해하는 경우가 많다는 것이다. 효율적 수학교육을 위해서는 수학교육의 내용에 대한 깊은 이해를 바탕으로 수학적 내용과 과정을 충분히 다루어야 한다(조부월, 2010).

제1장의 중요한 개념

수학의 정의, 수학교육의 필요성, 신생아의 수학적 능력, 유아기의 수학적 경험, 비형식적 수학지식과 형식적 수학지식, 발달이론의 분류 근거, 교육에 있어서의 발달이론의 이해와 적용, 행동주의 이론의 특징, 파블로브의 이론, 왓슨의 이론, 스키너의 이론, 반두라의 이론, 행동주의 이론과 수학교육, 구성주의의 정의, 피아제의 이론과 시사점, 전조작적 사고의 특징, 구체적 조작기의 특징, 비고츠키의 이론과 시사점, 근접발달영역과 스캐폴딩, 비고츠키 이론에서의 사회적 상호작용과 내면화의 의미, 다중지능의 정의, 다중지능과 효율적인 학습방법, 가드너 이론의 시사점, 두뇌세포와 근육세포의 차이점, 두뇌발달의 과정, 두뇌 연구의 시사점, 수학교육의 개선 방향

논의해 보기

- 발달의 이론들과 두뇌연구 결과를 연결해 보고 교육현장에서 이러한 이론들이 어떻게 적용되어야 할지 논의해 보자.

제 2 장

영 · 유아를 위한 수학교육의 원리

목 표

1. 놀이를 통한 수학교육의 가치를 이해한다.
2. 발달에 적합한 수학교육의 의미를 이해한다.

1. 놀이를 통한 수학교육

신생아들은 그들이 살아갈 세상에 대해 거의 모든 것을 알지 못한 상태로 태어난다. 엄마와 아빠가 존재한다는 것, 달콤한 맛과 쓴맛이 있다는 것, 둥근 것과 세모난 것은 다르다는 것, 다리가 네 개이고 멍멍 짖으며 털이 잔뜩 나 있고 움직이는 것을 강아지라고 부른다는 것, 하나에 하나를 더하면 둘이 된다는 것, 일요일은 많은 사람이 쉰다는 것 등등, 아동들이나 어른들은 이미 알고 있는 이 모든 것들을 유아들은 영 · 유아기를 지나는 동안 반복해서 다양한 경험을 하고(예: 직접 보고, 듣고, 느끼거나, 다른 사람들에게서 듣는 등의 경험), 경험한 것들을 나름대로 머릿속에 기억하고, 분류하고, 쌓아가는 과정을 통해 알아가게 된다. 태어나서 아무것도 알지 못하고 아무것도 할 수 없던 아이들이 만 6세 정도가 되면 신체적, 언어-인지적, 사회-정서적으로 아주 많은 것을 알게 되고 할 수 있게 된다. 엘킨드(Elkind, 2007)는 영 · 유아들이 짧은 기간에 이처럼 놀라운 성장과 발달을 이루게 되는 것은 그들이 끊임없이 반복되는 '놀이스러운 활동'을 통해 경험하고, 경험을 구성하기 때문이라 말하고 있다. 그리고 아마도 영 · 유아들에게 그 많은 것들을 의도적으로 가르치고 배우게 한다면 같은 정도의 성장과 발달은 기대할 수 없을 것이라고 하며 놀이를 통해 배우는 것이 얼마나 효율적인지를 강조하고 있다.

놀이는 영 · 유아들의 생활이다. 피아제(Piaget)와 비고츠키(Vygotsky)가 주장한 바와 같이 영 · 유아들은 놀이를 통해 새로운 지식과 기술을 구성할 뿐 아니라 이미 습득한 지식이나 기술을 연습하고 적용하여 자기만의 것으로 발전시킨다. 이는 놀이가 영 · 유아들이 자발적으로 시작하여 스스로의 생각과 말과 행동으로 참여하고 주도하는 활동이므로, 다른 어떤 수단을 통해서보다 유아들이 더 많은 것을 경험하고, 구성하고, 배우고, 적용해 보고, 나아가 새로운 것을 찾아내는 기회를 주기 때문이다.

유아교육기관에서 이러한 놀이 또는 놀이스러운 활동들을 통해 수학교육이 이루어질 때 더 효율적이고 의미있는 학습을 기대할 수 있다. 그렇다면 어떤 활동들이 놀이 또는 놀이스러운 활동일까? 유아교육기관에서의 놀이는 크게 자유놀이와 교사가 안내하는 놀이의 두 가지로 구분될 수 있다. 자유놀이는 영 · 유아들이 매일 접하는 유아교육기관의 실내 · 외 환경 속에서 아무런 제약이나 조건 없이 스스로 관심을 가지고, 적극적으로 참여하여 주도하고, 재미있으며, 다양한 대상들과의 상호작용을 유발하면서 영 · 유아들의 상상력이 더해지기도 하는 모든 활동을 뜻한다. 교사가 안내하는 놀이는 자유놀이와 마찬가지로 영 · 유아가 스스로 참여하고 주도하는 활동이지만, 교사의 적절한 도움과 함께 영 · 유아들이 사회나 유아교육기관에서 기대하는 학습의 목표를 이루도록 교사가 준비한 놀이와 같은 교육활동이다. 즉 자유놀이가 놀이라면, 교사가 안내하는 놀이는 놀이스러운 활동이라 할 수 있다(Fisher, Hirsh-Pasek, Newcombe, & Golinkoff, 2013; Hassinger-Das, Hirsh-

Pasek, & Golinkoff, 2017; McDonald, 2018; Weisberg, Hirsh-Pasek, Golinkoff, Kittredge, & Klahr, 2016).

3장에서 자세히 소개하겠지만 유아교육기관에서의 수학교육은 수학적 지식이나 기술 뿐 아니라 수학적 사고의 발달을 함께 도모할 수 있는 방향으로 이루어져야 한다. 이를 위해 교사는 영 · 유아들이 친숙환 환경을 탐색하면서 다양한 관계를 이해하여 수학적 지식을 형성하고 수학적 기술과 수학적 사고력을 발달시킬 수 있도록 다양한 자유놀이와 교사가 안내하는 놀이의 기회를 제공해 주고, 그 이외의 일상에서도 그때그때 적절한 방법으로 수학교육의 내용을 소개할 수 있어야 한다.

1) 자유놀이를 통한 수학교육

자유놀이를 통한 수학교육이란 영 · 유아들이 실외나 실내의 다양한 흥미영역에서의 유아 스스로 시작하고 이끌어 가는 놀이를 통하여 다양한 수학적 지식, 기술, 사고력을 습득할 수 있는 경험을 하도록 해 주는 것을 말한다. 이를 위해 교사는 영 · 유아들이 직접 만지고, 보고, 듣고, 느낄 수 있는 흥미롭고 풍부한 환경을 마련해 주어야 하며, 그들이 자발적인 관심과 호기심으로 주변 환경을 탐색하고 다른 아이들이나 성인들과 의미 있는 상호작용을 할 수 있는 충분한 기회를 계획해 주어야 한다. 그리고 이 시간 동안 영 · 유아들이 무엇을 어떻게 탐색하고 경험하고 있는지를 주의 깊게 관찰하여, 필요한 경우 기록하고, 그 결과는 다음 계획에서 적극적으로 활용할 수 있어야 한다. 또한, 교사는 영 · 유아들과 언어적, 비언어적 상호작용을 통하여(예: 영 · 유아들에게 미소를 짓는다든지, 고개를 끄덕여 준다든지, 눈짓을 한다든지, 수학적 어휘를 사용하여 유아들의 활동을 묘사해 준다든지, 적절한 질문을 한다든지 등) 영 · 유아들의 놀이를 격려하고, 놀이를 통해 그들이 다양한 학습경험을 하도록 반응해 주고 지원해 주어야 한다.

2) 교사가 안내하는 놀이를 통한 수학교육

교사가 안내하는 놀이를 통한 수학교육이란 교사가 수학교육의 내용과 관련된 목표를 달성할 수 있는 놀이 활동을 준비하여 제공하고 영・유아들이 이에 참여하도록 하는 경우를 말한다. 이는 주로 대집단 또는 소집단을 대상으로 이루어지며, 필요한 경우 개별 영・유아를 위한 놀이 활동을 계획하여 수행할 수도 있다. 교사가 안내하는 놀이를 통한 수학교육을 수행할 때 교사가 유의해야 할 점들을 요약해 보면 다음과 같다.

① 영・유아들이 관심을 두거나 흥미 있어 할 수 있는 놀이 활동을 계획하여야 하며, 교사가 계획하였더라도 영・유아들이 적극적으로 참여하고 때에 따라 주도할 수 있도록 다양한 자료와 환경을 준비하여야 한다. 교사가 아무리 교육적으로 의미 있는 자료와 활동을 제시해도 아이들이 관심을 갖지 않거나 그 활동에 참여하고자 하는 동기를 유발할 수 없다면 그 자료나 활동은 수학적 지식이나 기술을 습득하는 데 아무런 도움을 주지 못한다. 연구 결과에 의하면 만 3~4세의 영・유아들도 특정한 자극이나 사건에 주의를 기울이거나 동기를 가질 수 있다고 한다. 그리고 나이가 어릴수록 어떤 한 가지에 주의를 기울이는 시간이 짧고, 특별한 모양이나 색, 소리 등의 외부적인 요인들에 의해 동기가 유발되는 반면, 자랄수록 주의를 기울이는 시간도 길어지고 자신의 흥미나 관심 등의 내부적인 요인에 의해 동기가 유발된다고 한다. 따라서 교사는 영・유아들의 특성을 잘 이해하여 그들이 교사가 안내하는 놀이에 참여하고자 하는 동기를 유발할 수 있고 지속적으로 관심을 가지고 재미있게 참여할 수 있으며, 교사의 적절한 도움과 함께 기대하는 학습의 목표를 이룰 수 있는 놀이 활동을 계획하고 수행해야 한다.

② 통합적 접근에 근거한 놀이 활동을 계획하여야 한다. 통합이란 부분으로 나누어진 것들을 하나로 모은다는 것을 의미한다. 유아교육에서의 통합적 접근방법이란 영・

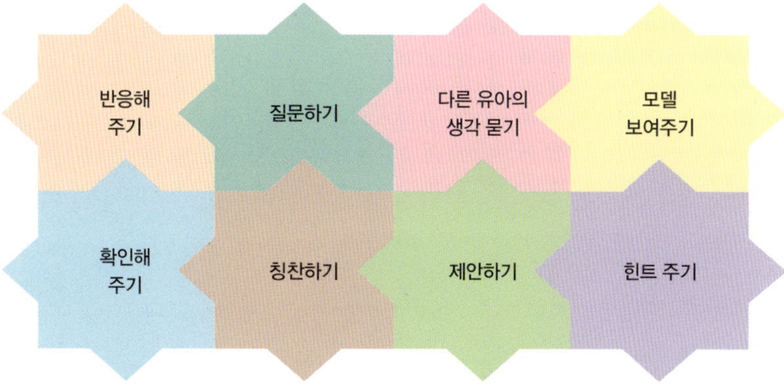

[그림 2-1] 내적 동기화를 유발할 수 있는 언어적 상호작용

유아들에게 지식이나 기술을 하나씩 분리하여 따로따로 가르치는 것이 아니라 그들의 경험에 지식이나 기술을 통합하여, 즉 영 · 유아들의 경험 속에서 그것들을 가르치는 방법을 의미한다. 영 · 유아들은 주변 세계의 사물을 경험하거나 사람들과의 상호작용을 통해 지식이나 기술을 이해하고 습득할 때 전체적인 접근방법을 사용한다. 다시 말하면 영 · 유아들은 구체적인 경험을 통해 일반적이고 전체적인 지식이나 기술을 먼저 이해한 다음 특별하고 세부적인 것들을 이해한다. 이는 교사가 이야기책을 읽어 줄 때 영 · 유아들이 그 내용을 어떻게 이해하는지를 관찰해 보면 쉽게 알 수 있다(책을 처음 한두 번 보여 주면 영 · 유아들은 누가 무엇을 해서 어떻게 되었다는 이야기의 전체 흐름에 대해서 먼저 이해한다. 교사가 특별히 강조하거나 반복해서 언급하지 않는 한 영 · 유아들은 특정한 장면에 나왔던 특정한 사실은 잘 알지 못한다. 그러나 같은 책을 계속 반복하여 읽어주면 그때야 영 · 유아들은 각 장면에 나왔던 특정한 사실을 이해하게 된다). 이는 피아제가 설명한 바와 같이 영 · 유아들은 사물을 이해할 때 한 번에 한 가지의 속성에만 관심을 갖거나 생각할 수 있는 특징을 갖고 있기 때문이기도 하다. 따라서 통합적인 접근방법은 유아들이 지식을 터득해 가는 자연스러운 과정을 가장 존중하며 또 가장 효율적으로 활용하는 교육방법이라 할 수 있다.

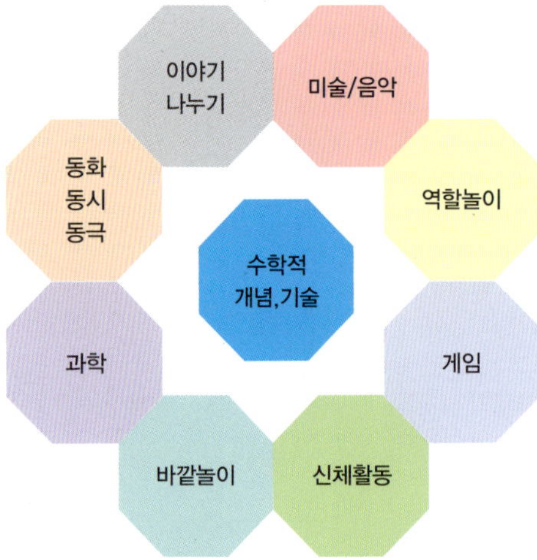

[그림 2-2] 수학교육의 내용을 다양한 활동에 통합하기

통합적 접근방법으로 놀이활동을 계획할 때 교사는 발달 영역이나 교과목의 통합적 접근, 일과 활동의 통합적 접근 등을 시도할 수 있다. 즉 수학적 개념을 영 · 유아들이 경험해 보도록 하기 위해 몸을 움직이는 놀이활동을 계획했다면, 인지발달 영역과 신체발달 영역의 통합적 접근을 한 것이며, 수학적 개념이 포함된 이야기책을 읽어주고 영 · 유아들과 상호작용을 통하여 그 개념을 경험하게 했다면 언어발달과 수학적 개념 발달의 통합적 접근을 한 것이다. 또 수학교육의 중요한 내용인 분류하기를 이야기 나누기, 자유놀이, 간식 시간에 다양한 놀이 활동을 제공하였다면 이는 일과 활동의 통합적 접근을 시도한 것이다. 이처럼 수학적 경험을 여러 가지 영역이나 장면에 통합하여 교사가 안내하는 놀이 활동을 계획하고 제공함으로써 영 · 유아들은 의미 있는 수학적 경험을 할 수 있게 된다.

3) 일상의 여러 장면을 통한 수학교육

일상의 여러 장면을 통한 수학교육이란 교사가 일상생활에서 자연스럽게 일어나는 생활 장면에서 수학교육을 수행하는 것을 의미한다. 즉, 일상의 어떤 상황이 수학적 개념을 가르치기에 아주 적절하거나, 영 · 유아들이 어떤 상황에서 뜻하지 않게 수학적 기술에 자발적인 흥미를 보인다면 교사는 그 상황을 놓치지 말고 적절한 수학교육의 기회로 활용해야 한다는 것이다. 교사는 이러한 상황이 생길 가능성을 늘 염두에 두고 영 · 유아들의 활동이나 반응을 관찰하여야 하며, 수학교육을 하기에 적절한 상황이 생기면 놓치지 말고 그 상황을 활용할 수 있어야 하는데, 이는 일상생활에 연결되는 경험이 최선의 학습효과를 유발할 수 있다는 연구 결과들을 고려할 때 매우 적절한 방법이라 할 수 있다. 일과의 자연스러운 여러 장면에서 영 · 유아들이 수학을 경험하고 배울 수 있는 상황은 다음의 표에서 제시한 예들에서 찾아볼 수 있다.

표 2-1 | 일과 활동에서의 수학적 경험

일과	수학교육의 내용
등원 및 아침모임	• 출석표에 체크하기(그래프) • 노래 부르기(규칙) • 오늘 할 일 순서대로 알고 계획하기(시간) • 결석한 친구 알아보기(수 세기) • 달력 알기(수의 이용, 규칙, 측정: 시간)
간식 시간	• 냅킨, 접시, 포크 나누기(일대일 대응하기, 수 세기, 더하기와 빼기) • 냅킨, 접시, 포크 놓기(다른 모양의 도형들, 위치 나타내는 어휘 익히기) • 노래하기(규칙) • 간식의 종류 알기(분류하기, 그래프 만들기, 양의 측정, 도형, 규칙) • 간식 비교하기(비교하기) • 쓰레기 분리하기(분류하기)
화장실 가기, 손 씻기	• 화장실 가는 순서(서수 익히기, 규칙 알기, 분류하기, 시간 나타내는 어휘 사용하기) • 화장실 가는 길(위치 및 방향 나타내는 어휘 알기) • 손 씻기(일의 순서 알기, 일의 지속 시간 알기)
바깥 놀이터에 나가기	• 줄서기(분류하기, 수 세기, 일대일 대응하기, 키 대보기, 순서 짓기) • 놀이터 나가기(위치 및 방향 나타내는 어휘 알기)
평가 및 귀가	• 하루 돌아보기(시간 및 시간 나타내는 어휘 사용하기) • 교실 떠나기(분류하기, 규칙)

2. 발달에 적합한 수학교육

1) 발달에 적합한 수학교육의 원리

발달에 적합한 수학교육을 수행한다는 것은 수학교육을 위해 교사가 자유놀이를 위한 환경을 준비하거나 교사가 안내하는 놀이를 계획하고 제공할 때, 영 · 유아들의 발달 정도에 맞으며 그들의 문화적 배경이나 개인적 요구를 고려하여야 한다는 것을 의미한다. 특히 발달에 적합한 교육이라고 해서 무조건 발달에 맞는 쉬운 내용만을 가르치라는 것이 아님을 기억해야 한다. 영 · 유아들의 발달 정도와 상태에 맞으면서 수학적 능력을 신장할 수 있는 수학교육의 목표를 설정하여 영 · 유아들이 그 목표를 달성하고 나아가 다음 단계에서의 수학교육에 대한 기초를 형성할 수 있도록 적절한 수준의 도전적 내용을 함께 포함하는 것이 중요한 것이다.

표 2-2 | 피아제의 인지발달 단계와 찰스워스, 린드의 수학적 지식 및 기술의 발달

연령	피아제의 인지 발달 단계	찰스워스, 린드의 수학적 지식 및 기술의 발달 단계
0~2세	감각운동기: 감각 운동적 인지가 발달하는 시기	관찰, 일대일 대응, 수 감각, 모양, 공간 감각이 발달하기 시작하는 시기
2~6세	전 조작기: 전 논리적 사고의 시기 (중심화, 비가역적 사고, 자기중심적 사고, 전환적 사고)	2~3세: 집합, 분류, 비교, 수 세기, 부분과 전체에 대한 개념이 발달하기 시작하고 수학 관련 언어가 발달하기 시작하는 시기 4~5세: 순서 짓기, 규칙성의 이해, 비표준단위를 이용한 측정에 대한 개념이 발달하기 시작하는 시기 5~7세: 수학 관련 기호 및 수량과 집합의 크기를 나타내는 수식을 이해하기 시작하며 구체물을 이용한 덧셈과 뺄셈을 이해하기 시작하는 시기
7~12세	구체적 조작기: 구체적 사물에 대한 논리적 사고(탈중심화, 가역적 사고, 이타적 사고, 연역적/귀납적 사고)가 가능한 시기	정수의 사칙연산, 분수, 자릿수, 기초 기하, 표준 단위를 이용한 측정을 이해하기 시작하는 시기

발달에 적합한 수학교육을 수행하기 위하여 교사는 몇 가지의 전문적인 지식과 기술을 가지고 있어야 한다. 첫째, 교사는 자신이 가르치는 영 · 유아들의 연령에 따른 발달 정도와 특징 및 그들이 성장하고 발달하는 과정에 대해 전문적인 지식을 가지고 있어야 한다. 교사들은 실제 영 · 유아들을 관찰하거나 발달과목을 통해서 배움으로써 발달에 대한 전문적인 지식을 습득할 수 있다. 둘째, 발달의 특징에 대한 지식과 함께 교사가 반드시 알고 있어야 하는 것이 개개 영 · 유아의 발달 정도 및 문화적 배경, 개인적 요구를 정확하게 파악하는 데 필요한 지식과 기술이다. 이는 발달에 적합한 교육을 수행하기 위해서는 영 · 유아기의 전반적인 발달과정이나 발달특징도 알아야 하지만 마찬가지로 더 중요한 것이 그들의 문화적 배경 및 발달의 개인차, 즉 개개 유아의 발달 정도 및 개인적 특징과 요구를 찾아내서 그것을 만족시키는 교육을 수행하는 것이어야 하기 때문이다. 체계적이고 과학적인 방법으로 영 · 유아들을 관찰하는 것, 관찰결과를 기록하여 해석하고, 누적된 자료를 기초로 개개 유아의 장단점을 분석하여 교육적 시사점을 끌어내는 방법 등이 개개 영 · 유아의 발달 정도 및 개인적 요구를 파악하는 데 필요한 지식과 기술에 해당된다. 또한 영 · 유아들이 속한 가족이나 집단, 사회의 언어적, 문화적 특징을 이해하는 것도 발달의 개인차를 이해하기 필요한 일이다. 마지막으로, 교사는 자신이 가르치는 내용, 즉, 수학교육의 내용에 대해서도 무엇을 왜 가르쳐야 하는지 명확하게 이해하고 있어야 하며, 영 · 유아들이 수학적 지식, 기술, 태도를 효율적으로 학습할 수 있도록 도와주는 적절하고 다양한 교육 방법과 전략에 대해서도 알고 있어야 한다. 뿐만 아니라, 자신이 가진 지식과 기술을 실제에 적극적으로 활용하는 태도 등도 발달에 적합한 수학교육을 수행하기 위해 교사가 갖추어야 할 자질에 속한다.

2)수학적 발달의 이해

표 2-3은 영 · 유아 및 아동발달 관련 서적들을 참고로 하여 만 3~5세 영 · 유아들의 수학적 기술이나 수학적 사고능력의 대략적인 발달과정을 요약한 것이다. 표에 서술된 발

달과정은 각 연령에서 평균 정도의 발달을 이룬 영 · 유아들이 보여주는 특성이므로 모든 아이들이 반드시 그럴 수 있음을 의미하는 것은 아니다. 그러나 영 · 유아들의 수학적 기술이나 수학적 사고능력의 대략적인 발달에 대한 전체적인 틀은 제공할 수 있으므로 발달을 이해하고 수학교육을 계획할 때 유용한 참고자료로 쓰일 수 있을 것이다.

표 2-3 | 영 · 유아들의 수학적 지식 및 기술의 발달 과정

물체를 세어 수량 알기	3세	• 일상 생활에서 접하는 숫자들, 수 및 수 세기에 관심을 가진다. • 일대일 대응으로 세 개 정도의 수를 셀 수 있다. • 약간의 도움을 받으면 10까지의 수를 암기에 의해 셀 수 있다. • "몇 개?"라는 질문을 이해하고 사용한다. • 세 개 정도의 요소를 가진 두 집합의 크기를 눈으로 보고 비교할 수 있다.
	4세	• 일대일 대응으로 10까지 셀 수 있다(발달이 빠른 유아는 20까지 셀 수 있다). • 수를 셀 때 마지막으로 말한 숫자가 마지막 사물을 의미하는 동시에 그 집합의 전체 수를 의미한다는 것을 이해하기 시작한다. • 수를 셀 때 다음에 오는 수는 이전 수보다 하나 더 많은 것임을 이해하기 시작한다. • "더 많이" 와 "더 적게"라는 말의 의미를 이해한다. • 숫자와 수량의 관계에 관심을 갖기 시작한다. • 5까지의 서수를 이해한다.
	5세	• 일대일 대응의 의미를 확실히 이해하며, 20까지 셀 수 있다. • 100까지의 수를 암기에 의해 셀 수 있다. • 주어진 수만큼의 사물을 늘어 놓을 수 있고, 주어진 사물들의 개수에 해당하는 숫자를 짝 지을 수 있다. • 수의 보존(사물들이 다른 모양으로 배열되더라도 그 수에는 변함이 없음을 이해하는 능력)을 이해하기 시작한다. • 10까지의 서수를 이해한다. • 수를 셀 때 마지막으로 말한 숫자가 마지막 사물을 의미하는 동시에 그 집합의 전체 수를 의미 한다는 것을 이해한다. • 열 개 정도의 요소를 가진 두 집합의 크기를 비교할 수 있고 적절한 단어로 두 집합의 관계를 표현할 수 있다(더 많다, 같다, 더 적다 등). • 두 집합을 합치면 수가 커지고, 한 집합에 속한 요소들을 덜어내면 수가 작아진다는 것을 이해하기 시작한다. • 구체적 경험에 의해 기본 분수의 개념을 이해하기 시작한다. • 수량이 다르다는 것을 이해하고 크기가 다른 집합들 간의 관계를 이해하기 시작한다.

물체의 위치, 방향, 모양 알고 구별하기	3세	• 주변 환경에서 접하는 여러 가지의 도형에 관심을 갖는다. 기본 도형은 원, 사각형, 삼각형의 순서로 인식한다. • 주어진 도형과 비슷한 모양의 사물을 환경에서 찾아낼 수 있다. • 기본 도형의 이름을 말할 수 있다. • 자기와의 관계에서 사물들의 위치를 말할 수 있다. • 기본 위치를 나타내는 말들을 이해하고 지시에 따라 가리킬 수 있다.
	4세	• 사각형과 삼각형의 변을 알고 수를 셀 수 있다. • 사각형과 삼각형의 위치를 바꾸어도 같은 모양이라는 것을 안다. • 주의를 기울이도록 도와주면 기본 도형들이 가진 속성의 같은 점과 다른 점을 찾아낼 수 있다. • 도움을 받으면 기본 도형의 변형(예: 삼각형, 이등변 삼각형, 정 삼각형 등)을 인식할 수 있다. • 평면 도형과 입체도형을 연결하여 생각하기 시작한다(상자–네모, 공–원 등). • 자기뿐 아니라 다른 사물들과의 관계에서도 사물들의 위치를 말할 수 있다. • 방향에 대해 인식하기 시작하고 관련된 어휘를 사용한다. • 멀고 가까운 것을 이해하기 시작한다.
	5세	• 기본 도형을 그리거나 만들 수 있다. • 기본 도형의 특징을 설명할 수 있다. • 평면 도형과 입체 도형들을 찾아내고, 이름을 말하고, 같은 속성을 가진 평면 도형과 입체 도형을 짝 지을 수 있다. • 입체 도형의 속성인 꼭짓점, 모서리들을 안다. • 기본 도형의 변형을 알고, 도형을 돌려 놓아도 같은 도형이라는 것을 안다. • 대칭과 균형의 의미를 이해하기 시작한다. • 어느 쪽, 얼마나 멀리, 어디 등의 개념을 이해하기 시작한다. • 사물의 위치변화를 설명할 수 있다. • 위치나 방향을 나타내는 단어들을 사용하여 친구에게 설명할 수 있다. • 놀이 상황에서 위치나 방향을 나타내는 단어들을 자연스럽게 사용한다.

<table>
<tr><td rowspan="3">길이, 무게 등의 속성을 비교하고 측정하기</td><td>3세</td><td>• 크기를 나타내는 말들을 사용할 수 있다.
• 키에 관심을 갖고 나보다 더 크다(작다)라는 말을 한다.
• 극 놀이영역에서 계량 컵과 계량 스푼 사용을 흉내 낸다.
• 평형 저울에서 내려가는 쪽이 무거운 것임을 안다.</td></tr>
<tr><td>4세</td><td>• 한 가지의 구체적인 속성에 따라 2~3개의 사물들을 비교하고 순서대로 늘어놓을 수 있다.
• 크기, 길이, 높이, 무게 등의 속성에 따라 2~3개의 사물들을 순서 지을 수 있다.
• 두 개의 사물들을 직접 대어보고 비교할 수 있다.
• 반에서 누가 제일 큰지 작은지 안다.
• 친구들이 키대로 서는 것을 도와줄 수 있다.
• 길이와 높이의 차이를 무게의 차이보다 먼저 이해한다.
• 사건이 일어난 순서를 안다.
• 어른들이 사용하는 측정 도구들에 관심을 가진다.</td></tr>
<tr><td>5세</td><td>• 한 가지의 구체적인 속성(크기, 길이, 부피 등)에 따라 4~5개의 사물들을 비교하고 순서대로 늘어 놓을 수 있다(발달이 빠른 유아는 8~10개까지도 할 수 있다).
• 크기, 길이, 무게 등이 다르다는 것을 적절한 단어를 사용하여 설명할 수 있다.
• 여러 가지의 비표준단위를 사용하여 여러 가지의 사물을 측정하고 크기를 비교할 수 있다.
• 놀이나 수업 활동을 통하여 측정도구에 관심을 가지고 사용하기 시작한다.
• 자를 이용하여 작은 사물들의 길이를 잴 수 있다.
• 물놀이영역에서 계량 컵과 계량 스푼을 사용하여 물을 병에 담을 수 있다.
• 사건이 일어난 순서와 지속된 정도를 이해하기 시작한다.
• 하루 일과를 표현할 때 주로 쓰는 단어들(아침, 저녁, 오전, 오후 등)을 이해하고, 달력에 나오는 용어들(어제, 오늘, 내일, 지난 주, 달 등)도 이해하기 시작한다.</td></tr>
<tr><td rowspan="3">주변에서 반복되는 규칙 찾기</td><td>3세</td><td>• 사물들을 보고 한 가지의 구체적인 공통된 속성을 찾아낼 수 있다.</td></tr>
<tr><td>4세</td><td>• 사물들을 보고 두 가지의 구체적인 공통된 속성을 찾아낼 수 있다.
• 일상생활에서 간단한 규칙성을 찾아내는 것에 관심을 가진다.
• 사물의 구체적인 속성(색, 모양, 크기)이나 소리로 이루어진 간단한 규칙성(ABAB 또는 AABAAB)을 찾고 따라 할 수 있다.</td></tr>
<tr><td>5세</td><td>• 사물의 구체적인 속성(색, 모양, 크기)이나 소리, 신체 동작 등으로 이루어진 간단한 규칙성(ABAB 또는 AABAAB 등의 규칙성)을 찾고, 따라 하고, 만들어 낼 수 있다.
• 기존의 규칙성에 따라 다음에 무엇이 와야 하는지 예견할 수 있다.
• 숫자나 글자로 이루어진 간단한 규칙성(AB 또는 121 등)을 이해하기 시작한다.</td></tr>
</table>

일상에서 모은 자료를 분류하고 결과 이해하기	3세	• 일상생활에서 사용하는 물건이나 장난감들을 제자리에 정리할 수 있다. • 한 가지의 구체적 속성에 의해 몇 개의 사물들을 분류하기 시작한다.
	4세	• 한 가지의 구체적 속성에 의해 여러 개의 사물들을 능숙하게 분류할 수 있다(발달이 빠른 유아는 두 가지의 구체적인 속성을 근거로 사물들을 분류하기 시작한다).
	5세	• 두 가지 이상의 구체적 속성에 의해 여러 개의 사물들을 분류할 수 있다. • 이미 나뉘어져 있는 사물들을 보고 분류 기준이 된 구체적인 속성을 찾아낼 수 있다. • 교사의 지도와 도움이 있으면 자신들의 경험에 관계되는 자료들을 모으고 정리할 수 있다. • 교사의 지도와 도움이 주어지면 정기적으로 자료를 모을 수 있다. • 구체물이나 모형 등으로 그래프를 만들고 이해한다.

제2장의 중요한 개념

놀이를 통한 수학교육, 놀이의 정의, 자유놀이와 교사가 안내하는 놀이, 동기유발, 통합적 접근 방법, 발달에 적합한 수학교육, 개인차의 종류, 일상의 장면들 통한 수학교육, 수학적 개념의 발달과정

논의해 보기

- 놀이중심의 수학교육을 수행할 때 생길 수 있는 문제점들을 찾아보고 그 해결방안을 논의해 보자.
- 발달에 적합한 수학교육을 수행하기 위해 교사로서 알고 있어야 하는 내용이 무엇인지, 교사가 어떤 노력을 해야 하는지 논의해 보자.

제 2 부

영·유아를 위한 수학교육의 운영

제 3 장

영 · 유아를 위한 수학교육의 목표와 내용, 교사의 역할

목 표

1. 수학교육의 목적 및 목표를 이해한다.
2. 우리나라 표준보육과정과 누리과정의 자연탐구 영역 중 수학교육의 내용을 이해한다.
3. 누리과정의 자연탐구 영역에 포함된 수학교육의 구체적인 내용을 익히고, 영 · 유아를 위한 수학교육을 위해 교사는 무엇을 왜 어떻게 가르쳐야 하는지 이해한다.

1. 수학교육의 목적 및 목표

수학적 지식이나 사고는 영 · 유아기부터 다양한 수학적 경험을 통해 발달하기 시작하며, 영 · 유아기에 발달하는 비형식적 수학지식은 논리-수학적 지식과 마찬가지로 영 · 유아들이 직접 사물들을 조작하는 경험을 통해 스스로 형성해 나가는 것이다. 또 이 시기에 발달한 수학적 지식과 수학적 사고능력은 비형식적이고 전 논리적인 것이기는 하지만, 다음 단계의 형식적 수학적 지식의 형성 및 논리적 사고발달의 기초가 된다. 그러므로 영 · 유아기에 수학과 관련된 다양하고 의미 있는 경험을 하는 것은 이 시기와 이후의 수학적 지식과 사고능력의 발달을 위해 꼭 필요하며, 이를 위해서는 이 시기부터 영 · 유아들이 이해할 수 있는 범위 내에서 수학의 여러 요소와 관계되는 다양한 경험을 하도록 해 주어야 한다(Sarama & Clements, 2009). 즉, 영 · 유아들이 일상생활의 환경 속에서 수를 사용하는 기술이나 사물 간의 관계를 경험하고 관계에 대하여 생각하고 이해할 수 있는 다양한 기회를 주는 수학교육이 이루어져야 한다는 것이다. 따라서 영 · 유아기에 기대할 수 있는 수학교육의 목표는 영 · 유아들이 각각의 발달 수준에 적합한 수학적 지식을 형성하고, 직관적이고 전 논리적이기는 하나 적극적으로 사고하는 능력과 태도를 기르며, 나아가 수학을 배우고 수학을 일상생활에 적용하는 것에 대한 긍정적인 태도를 길러 주는

표 3-1 개정된 누리과정에서 추출할 수 있는 수학교육의 내용

영역	내용
수학적 사고능력 및 태도	**궁금한 것을 탐구하는 과정에 즐겁게 참여한다.** 유아가 궁금한 것을 알아보기 위해 관찰, 비교, 분류, 예측, 실험 등의 다양한 탐구과정을 자발적으로 즐기는 내용 **탐구과정에서 서로 다른 생각에 관심을 가진다.** 유아가 탐구하는 과정에서 자신의 생각을 또래나 교사와 함께 공유하고, 서로 다른 생각에 관심을 가지는 내용
수학적 지식과 기술	**물체를 세어 수량을 알아본다.** 유아가 일상에서 수에 관심을 가지고, 수량을 세어 많고 적음 및 수량의 변화를 알아보는 내용 **물체의 위치와 방향, 모양을 알고 구별한다.** 유아가 자신과 물체를 기준으로 앞, 뒤, 옆, 위, 아래 등 공간 안에서 위치와 방향을 알아가는 내용이다. 유아가 주변 환경에서 네모나 세모, 둥근 기둥, 상자 모양 등을 찾고 다양한 모양에서 공통점과 차이점을 알아가는 내용 **일상에서 길이, 무게 등의 속성을 비교한다.** 유아가 일상에서 길이나 무게 등 측정 가능한 속성을 알고, 이 속성을 기준으로 물체를 비교하여 순서 지어 보는 내용이다. 이 과정에서 유아는 자신의 신체를 비롯하여 다양한 물체를 활용하고, 다양한 비교어휘를 사용하면서 순서를 지어 보는 내용 **주변에서 반복되는 규칙을 찾는다.** 유아가 생활 주변에서 사물이나 사건의 양상이 일정한 순서로 반복 배열되는 것에 관심을 갖고 즐기며, 반복되는 배열에 숨어 있는 질서와 규칙을 발견하여 다음에 올 것이 무엇인지를 예측하는 내용 **일상에서 모은 자료를 기준에 따라 분류한다.** 유아가 일상생활에서 흥미와 관심에 따라 필요한 자료를 다양한 방법으로 모으고, 수집한 자료의 공통점과 차이점을 탐색하며. 이를 하나 또는 그 이상의 다양한 기준(예: 모양, 크기, 색깔 등)에 따라 정리하고 조직해보는 내용

것이어야 한다.

우리나라 표준보육과정과 누리과정에는 수학교육이 5개 교육영역 중 자연탐구 영역에 포함되어 있는데 탐구 영역의 목표는 다음과 같다. 첫째, 일상에서 호기심을 가지고 탐구하는 과정을 즐긴다. 둘째, 생활 속의 문제를 수학적, 과학적으로 탐구한다. 셋째, 생명과 자연을 존중한다. 이러한 목표를 달성하기 위해 제시된 내용의 범주에는 탐구과정 즐기기, 생활 속에서 탐구하기, 자연과 더불어 살기가 포함되어 있고, 수학교육의 내용은 첫 번째와 두 번째 범주에 표 3-1과 같이 제시되어 있다 (교육부, 보건복지부, 2019, pp.105-107).

2. 수학교육의 내용과 교사의 역할

2019년 개정 고시된 누리과정은 우리나라의 유치원과 어린이집에 다니는 3~5세 영·유아에게 공통으로 적용되는 교육과정으로 '유아중심, 놀이중심'의 교육과정이다. 이는 영·유아의 경험에 초점을 맞춘, 교사와 아이들이 함께 만들어가는 교육과정이라는 의미로 사전에 교사에 의해 계획된 교육과정과 구별된다. 따라서 개정 누리과정에는 5개 교육영역에 대한 구체적인 교육 내용을 제시하지 않고 위에서 언급한 교육 내용의 일반적인 기준만을 제시하고 있다. 또한, 개정 누리과정에서는 영·유아가 각자 자신에게 가장 적합한 방식으로 스스로 놀이하며 배운다는 점에 주목하여 영·유아가 주도하는 놀이를 강조하고 있으며, 놀이를 잘 아는 전문가인 교사는 활동을 계획하고 준비하는 데 많은 시간을 보내기보다는 영·유아의 놀이를 이해하고 지원하는 데 더 많은 시간을 보낼 필요가 있음을 강조하고 있다.

최근 두뇌발달 연구의 결과에 따르면, 두뇌의 신경세포가 연결되어 시냅스가 형성되고 신경회로들이 구축될 때는 기초적이고 간단한 기능이나 정보처리를 담당하는 시냅스와 신경회로가 먼저 만들어지고, 점차 고차원적인 인지 능력이나 복잡한 기능 및 정보처리를 담당하는 시냅스와 신경회로들이 만들어진다고 한다. 이와 함께 더욱 중요한 것은 나중에 발달하는 시냅스나 신경회로는 이전에 형성된 시냅스나 신경회로들을 토대로 발달하게 된다는 것이다. 즉 고차원적인 기능을 수행하는 두뇌발달을 위해서는 영 · 유아기에 튼튼한 기초를 형성하는 것을 아무리 강조해도 지나치지 않다. 따라서 교사는 영 · 유아들이 놀이와 상호작용을 통하여 수학적 경험을 하고 수학적 지식을 구성해 가며 수학적 사고능력과 태도가 발달하는 과정에서, 적절한 시기에 발달에 적합한 놀이를 하도록 안내하는 역할을 수행할 필요가 있다. 영 · 유아의 놀이는 예측하여 계획하기 어려우므로 교사가 그들의 놀이 흐름에 따라 가장 적합한 교육적 지원이 무엇인지를 상황에 따라 판단하고 실천할 수 있으려면 영 · 유아를 위한 수학교육에서 다루어질 수 있는 세부적인 교육 내용에 대해 바르고 정확한 이해가 선행되어야 한다. 이를 위해서는 지금까지 이루어진 많은 연구의 결과에 근거하여 제시되고 있는 영 · 유아기 수학교육의 내용을 우리나라의 누리과정과 연결하여 이해하는 것이 중요하다.

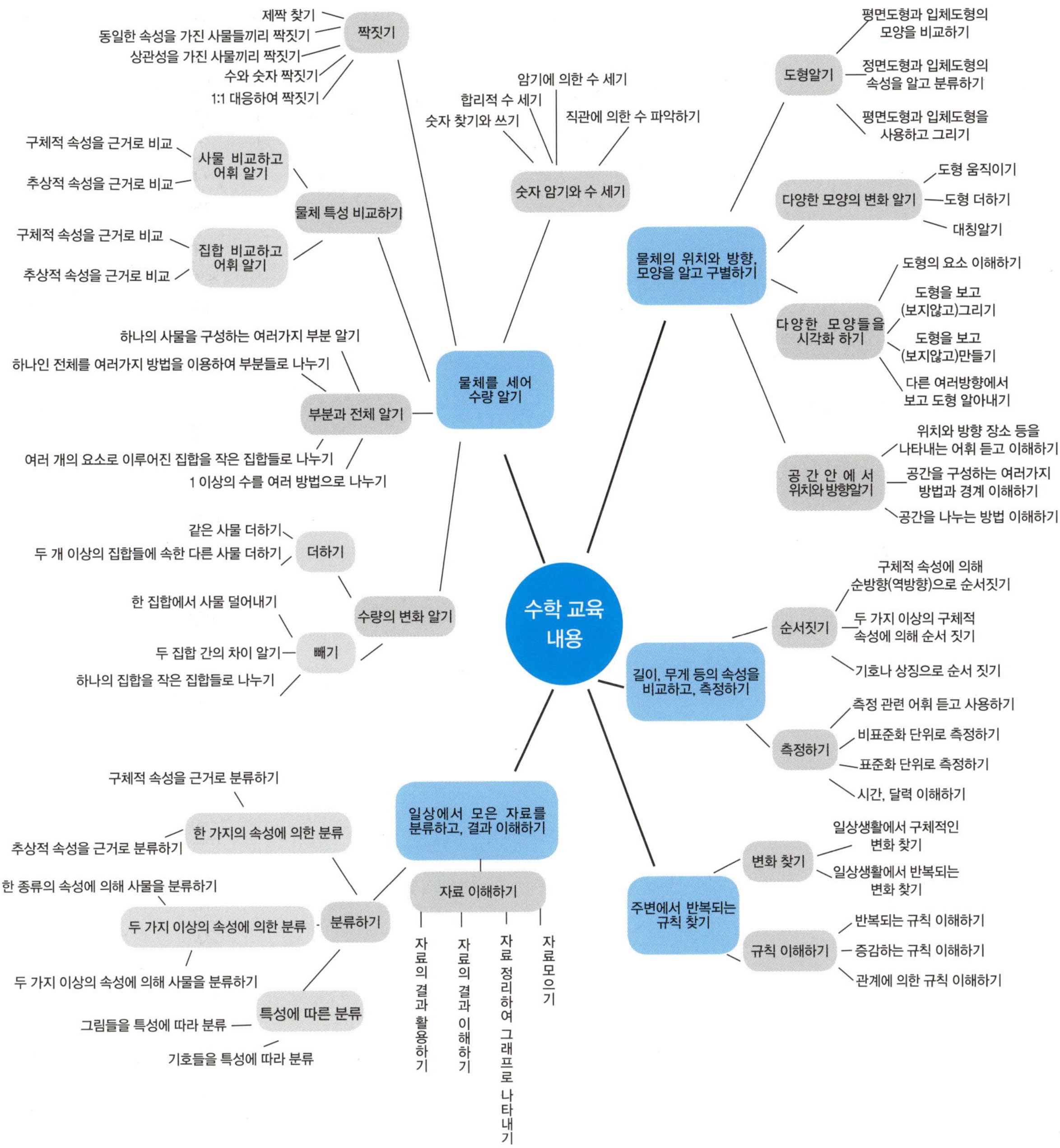

[그림 3-1] 수학교육을 수행하기 위한 수학교육내용의 이해

앞에 나타난 바와 같이 우리나라 누리과정 자연탐구 영역에 포함된 수학교육의 내용은 물체를 세어 수량 알아보기, 물체의 위치와 방향, 모양을 알고 구별하기, 일상에서 길이, 무게 등의 속성 비교하기, 주변에서 반복되는 규칙 찾기, 일상에서 모은 자료를 기준에 따라 분류하기 등의 5가지이다.

1) 물체를 세어 수량 알아보기

물체를 세고 수량을 알아보는 것은 어느 나라를 막론하고 영 · 유아기의 수학교육에서 가장 많이 다루어지고 있는 내용이다. 물체를 세고 수량을 알아본다는 것은 수의 의미를 이해하는 것, 합리적으로 수를 세는 것, 수를 정확하게 조작(더하고, 빼고, 곱하고, 나누기)하는 것, 수의 체계를 이해하는 것, 수의 연산이 어떤 관계에 있는지를 이해하는 것, 합리적으로 추산할 수 있는 것, 수를 이용한 여러 가지의 문제해결 방법을 이해하여 적용하는 것 등이 포함된다(Charlesworth & Lind, 2007; NCTM, 2002; Smith, 2009). 이러한 개념은 논리적 사고를 필요로 하는 것으로, 단기간에 형성되거나 암기에 의해서 습득할 수 있는 것이 아니며, 영 · 유아기부터 아동기에 걸쳐 그때그때의 발달에 적합한 다양한 활동과 경험에 직접 참여하여 탐색해 보고, 조작해 보고, 생각해 봄으로써 스스로 형성되는 것이다(Burris, 2005; Kostelnik et al, 2007; Smith, 2009).

따라서 논리적 사고의 발달이 아직 이루어지지 않은 영 · 유아기에는 이후 수와 연산에 대한 개념을 형성하는 데 기초가 되는 비형식적 수학지식과 관련된 다양한 경험을 하는 것이 중요하다. 즉, 숫자 알기와 쓰기, 수 세기, 집합의 수량 비교하기, 물체의 특성을 탐색하여 비교하기, 물체의 특성을 탐색하여 부분과 전체 알기, 일상생활에서의 수량의 변화 알기 등에 관련된 다양한 경험을 함으로써 이후에 논리적으로 수의 의미를 이해하고, 합리적인 수 세기를 하며, 수를 조작하여 자유자재로 연산하는 논리 · 수학적 능력의 기초를 발달시킬 수 있게 되는 것이다.

❶ 숫자 알기와 수 세기

수와 숫자는 다른 것이다. 수는 양(量)을 의미하며 숫자는 이러한 수를 나타내는 기호이며 동시에 글자와 같이 일상생활의 여러 측면에서 사용되는 기호이기도 하다. 즉, 별 3개에서 3이라는 숫자는 양이 셋(☆☆☆)인 것을 나타내지만, 3등이나 113등에서의 3은 양과는 아무 관계 없이 단지 생활 속에서 통용되는 하나의 기호인 것이다. 수를 나타내는 경우이거나 기호로 사용되는 경우이거나 3이라는 숫자는 '삼', '세' 또는 '셋'이라는 이름을 가지고 있다. 우리나라 말에는 숫자 1처럼 한 숫자가 '일', '한', '하나' 등 두 개 이상의 이름을 가진 경우, 숫자 5처럼 '오', '다섯'이라는 두 개의 이름을 가진 경우도 있다. 영 · 유아들은 대개 일상생활에서 수나 숫자에 관련된 반복되는 경험을 하거나 큰 아이들이나 어른들이 수를 세는 것을 듣고 암기에 의해 반복적으로 수 세기를 하면서 숫자의 이름을 먼저 익힌다. 이렇게 익힌 숫자의 이름은 영 · 유아들이 수의 논리적 의미를 이해하고, 일대일 대응의 개념을 적용한 합리적인 수 세기를 하며, 더하거나 빼는 등의 수량을 조작하는 능력이 발달하는 과정, 즉 물체를 세고 수량을 알아보는 데 필요한 개념을 형성하는 과정에서 중요한 도구적인 역할을 한다. 따라서 교사는 영 · 유아들이 일상생활에서 수를 표현하는 기호로서, 또는 여러 종류의 생활 장면에서 기호로 사용되는 숫자를 자주 경험할 수 있도록 도와주어야 한다.

숫자의 모양을 인식하여 바르게 쓸 수 있는 기술 또한 물체를 세고 수량을 알아보는 것의 기초개념을 형성하는 데 꼭 필요한 도구적 능력이다. 대개 5세경부터 숫자 쓰기를 경험하기 시작하는데, 이는 많은 연습을 필요로 하는 기술이다. 대부분의 유아들은 만 6~7세경(초등학교 1~2학년)이 되면 정확하게 숫자들을 쓸 수 있는데, 3~4학년이 되어도 숫자를 바르게 쓰지 못하거나 거꾸로 쓰면 학습장애를 의심해 볼 수 있으므로 전문가의 진단을 받아야 한다(Burris, 2005; Copley et al., 2007; Smith, 2009). 특히 소근육의 발달이 미흡한 영 · 유아기에는 이후에 숫자 쓰기의 기술이 발달하는 데 도움이 될 수 있는 모래 종이 숫자 모양 느껴보기, 점토나 파이프 클리너 등으로 숫자 만들기, 모래놀이터에서 모래 숫자 만들기,

숫자 도장 찍기 등의 다양한 활동을 경험할 수 있어야 한다.

보통 사람들은 여섯 개까지의 사물들에 대해서는 세어 보지 않고 보는 것만으로 수량을 파악할 수 있다. 이를 "직관에 의한 수량의 즉석파악(Preceptual Subitizing)"이라고 한다. 3~5세 영 · 유아들도 반복된 경험을 많이 하게 되면 직관에 의해서 4~6개 사물들의 수량을 파악할 수 있다(Charlesworth & Lind, 2007; Copleyet al., 2007). 그러나 일곱 개 이상 사물들의 양을 파악하려면 수를 셀 수 있어야 한다. 그런데 2~4세경의 영 · 유아들은 세어야 하는 사물 각각에 하나의 수 이름을 일대일로 대응하여 순서대로 하나씩 세지 못한다. 이 시기에는 수를 센다는 것이 수량을 이해하여 세는 것이 아니라 단지 기억하고 있는 수 이름을 말하는 것인데, 이를 암기에 의한 수 세기라고 한다. 기계적인 수 세기라고도 하는 암기에 의한 수 세기의 특징은 입으로 말하는 수 이름과 가리키는 사물들이 일치하지 않거나(예: 셋을 셀 때 벌써 다섯 번째 사물을 가리킴), 수 이름을 순서대로 말하지 못하는 것(예: 여섯 개의 사물을 세면서 하나, 둘, 넷, 셋, 다섯, 일곱이라고 셈), 이미 세었던 사물들을 중복하여 세거나 빠뜨리고 세는 것(예: 여섯 개의 사물을 하나, 둘, 셋, 넷, 다섯, 여섯, 일곱, 여덟, 아홉, 열 등으로 중복하여 세고 또 세거나, 여섯 개의 사물을 하나, 둘 셋, 넷, 다섯 개로 세는 것) 등이다.

합리적인 수 세기(Rational Counting)는 세어야 하는 사물들을 한 번에 하나씩, 순서대로, 사물과 수 이름을 바르게 연결하여 세며, 마지막에 센 사물에 대응된 수 이름이 그 집합에 포함된 사물들의 총 수를 나타내는 것임을 이해하는 것을 의미한다. 합리적인 수 세기는 대부분의 유아들이 5세 이후에 습득할 수 있는 수학적 능력으로 영 · 유아기 동안의 다양한 경험을 통해 일대일 대응의 개념, 순서의 개념, 그리고 부분과 전체 및 위계적 포함관계(4는 3 다음에 나오는 수가 아니라 3보다 하나 더 많은 수임을 아는 것) 등을 먼저 이해한 후에 발달하게 된다. 합리적인 수 세기의 능력은 2~4세에 걸쳐 나타나는 암기에 의한 수 세기와는 전혀 다른 것으로, 유아들이 6~7세경 수의 보존을 완전히 이해하고 논리적인 사고를 하게 되는 데 꼭 필요한 능력이다(Burris, 2005; Charlesworth & Lind, 2007; Copley et al., 2007; Jackman, 2009; Smith, 2009).

「수 세기 활동」의 종류와 특징	**직관에 의한 수 파악하기**(Subitizing) 5~6개 이하의 사물들을 세어 보지 않고 보는 것만으로 즉석에서 몇 개인지를 알아내는 것	
	암기에 의한 수 세기(Counting by Rote Memory) 3~5세의 유아들이 수를 세는 방법으로 유아들이 사물들을 세기는 하나 일대일 대응으로 세거나, 순서대로 세지 못하고 단지 기억하고 있는 숫자의 이름을 순서대로 암송하는 것. 기계적인 수 세기라고도 함	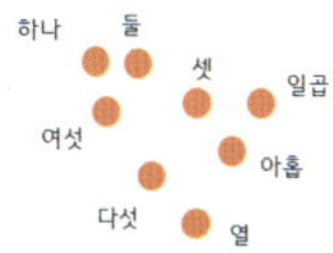
	합리적 수 세기(Rational Counting) 수를 파악할 때 사물과 수 이름을 1:1로 대응하면서, 사물의 순서대로, 중복하여 세거나 빠뜨리지 않고 세는 방법. 논리적 사고가 발달한 이후에 가능한 방법으로 대개 5세 이후에 완전히 습득됨	
	숫자 찾기와 쓰기 일상생활의 여러 장면에 사용되는 숫자를 알아보고 찾아내기(만 3~4세 유아). 아파트 동 호수, 전화번호, 달력, 시계, TV의 채널 번호, 그림책의 페이지 번호 등	
교사의 역할	① 다양한 수 세기의 경험을 제공한다. 영아기부터 시작하여 유아기 동안 여러 가지의 사물과 활동을 통해 다양한 수 세기의 경험을 제공하고 일상생활의 여러 상황에서 암기에 의한 수 세기와 합리적인 수 세기가 일어날 수 있는 장면들을 학습의 기회로 잘 활용한다. ② 실물이나 구체물을 이용하여 두 집합의 수량을 비교하는 다양한 활동을 계획하고 1:1 대응에 의한 수 세기의 모델을 제공한다. ③ 소집단 활동 및 관찰: 짝과 함께 수 세기를 하게 하거나 소집단으로 수 세기를 하게 하여 영 · 유아들이 서로 이야기하고 배우는 기회를 준다. ④ 교사는 영 · 유아들의 수 세기를 잘 관찰하여 어떤 특징이 있는지, 어떤 실수들을 반복하는지를 살피고 적절한 도움을 제공한다. ⑤ 기계적인 수 세기를 정확하게 하는 것은 뒷날 합리적인 수 세기를 도와줄 수 있으나, 기계적인 수 세기 자체를 교육의 목표로 하여 반복 연습시키는 것은 크게 의미가 없다.	

교사의 역할	⑥ 유아들이 합리적인 수 세기를 하는지를 알아보려면 "여기에 몇 개가 있지?"라고 물어 합리적인 수 세기를 하는지를 관찰하고 마지막에 반드시 "선생님께 일곱 개를 보여줄래?"라는 질문을 하여 어떤 반응을 보이는지 본다. • 합리적인 수 세기를 완전히 이해하는 경우 ⇒ 일곱 개의 사물을 다 모아 준다. • 합리적인 수 세기를 완전히 이해하지 못하는 경우 ⇒ 일곱 번째 센 사물을 준다. ⑦ 숫자를 쓰는 데 기초가 되는 소근육 발달 및 기억력발달에 도움이 되는 다양한 활동을 제공해 준다. ⑧ 3~4세의 영 · 유아를 위한 다양한 숫자 쓰기 활동을 제공해 준다. 예) 숫자의 모형이나 숫자 카드 등을 보거나 만지기, 점토로 숫자 만들어 보기, 사포로 만든 숫자 촉감으로 느끼기, 숫자모형 만지고 느껴보기, 모래밭에 손가락으로 숫자를 쓰거나 숫자모형 찍어 보기, 바닥에 숫자 써놓고 따라 걸어 보기 등 ⑨ 만 4~5세의 유아들이 숫자 쓰기에 관심을 보이면 다양한 숫자 쓰기 활동을 제공해 준다. 예) 1~9까지 숫자들의 특징을 찾아내기(9는 막대기에 풍선이 하나 매달린 모양), 말로 숫자의 특징을 표현해 보기, 공중에 손가락으로 숫자 써 보기, 점선 따라 숫자 써 보기, 개인용 화이트보드에 숫자 써 보기, 종이에 숫자 써 보기 등

❷ 짝짓기

사물들이나 집합들 사이에는 같다, 다르다, 포함된다 등의 여러 가지의 관계가 존재하며 이러한 관계를 이해하는 것은 수학의 논리적 내용을 이해하는 가장 기초가 되는 내용이다. 영 · 유아들이 경험할 수 있는 여러 가지의 관계 중 사물들 또는 집합들 사이의 같은 점, 공유하는 점, 다른 점 등을 이해하면 여러 가지의 짝짓기 활동을 할 수 있다. 짝짓기 활동에는 제짝 찾기, 동일한 속성을 가진 사물들이나 집합끼리 짝짓기, 상관성을 가진 물체나 집합끼리 짝짓기 등이 포함된다.

사물의 특성에 따라 짝을 지어 보는 경험을 충분히 한 영 · 유아들은 두 개 이상의 집합에 포함된 요소들의 수량을 비교하기 위해 각 집합의 요소들을 1:1로 대응하며 짝을 지을 수 있게 된다. 이는 수량의 이해, 보존의 이해, 분류하기 등을 위해 기초가 되는 능력이므로 유아기에 다양한 짝짓기의 경험과 두 개 이상 집합의 요소들을 1:1로 대응하여 짝지어 보는 경험을 충분히 하는 것이 매우 중요하다(Burris, 2005; Smith, 2009).

「짝짓기 활동」의 종류와 특징	**제짝 찾기** 항상 짝으로 활동하는 사물들의 다른 한쪽을 찾아보는 것 (예: 장갑, 신발, 젓가락 등)	
	동일한 속성을 가진 사물들끼리 짝짓기 같은 속성을 가진 사물들을 짝짓는 것(예: 같은 색, 모양, 크기, 기능, 출처 등)	
	상관성을 가진 사물들끼리 짝짓기 특정한 관계로 맺어져서 늘 짝이 될 수 있는 사물들끼리 짝짓는 것(예: 동물과 먹이, 계절과 옷 또는 사용하는 물건들 등)	
	수와 숫자 짝짓기 사물들의 수를 세고 그 수에 해당하는 숫자를 짝짓는 것(다섯 개의 사물과 숫자 5, 세 명의 아이들과 숫자 3 등)	
	두 집합의 요소들을 1:1로 대응하며 짝짓기 같은 크기의 두 집합에 속한 사물들을 1:1 대응으로 하나씩 짝짓는 것(예: 같은 수의 요소를 가진 두 집합); 다른 크기의 두 집합에 속한 사물들을 1:1 대응으로 하나씩 짝지어 보는 것 (예: 같은 수의 요소를 가진 두 집합)	
교사의 역할	① 집합의 수량을 비교할 수 있으려면 그 이전에 다양한 종류의 짝짓기 경험을 해 보는 것이 꼭 필요하다. ② 처음에는 영 · 유아들이 늘 경험하는 사물 중에서 제짝 찾기를 하게 하고 점차 새로운 것들의 제짝을 찾도록 한다(예: 신발, 장갑 제짝 찾기 ⇒ 그림자 제짝 찾기). 그 다음 같은 속성이나 구체적 속성(예: 모양, 색, 크기, 두께, 길이, 냄새, 무게, 촉감, 맛 등 감각기관을 통하여 보거나 듣거나 느낌으로써 알 수 있는 속성)에 의해 짝지어 보게 하며, 점차 추상적 속성(예: 수, 기능, 용도, 재질, 출처 등 생각을 통해서만이 찾아낼 수 있는 속성)으로 옮아간다(예: 사과끼리 짝짓기, 빨간색끼리 짝짓기 ⇒ 부엌에서 볼 수 있는 것끼리 짝짓기). ③ 다섯 가지 이하의 사물들을 짝짓는 경험을 많이 하게 한 다음 점차 짝짓는 사물들의 수를 늘려간다. 3~4세의 유아는 0~9개의 사물을 사용하는 것이 좋다.	

교사의 역할	④ 영 · 유아들이 늘 경험하는 사물 중에서 서로 밀접한 관계가 있는 것들을 이용하여 짝지어 보게 하고 점차 새로운 것들을 더해 간다(예: 잠잘 때 – 잠옷, 수영할 때 – 수영복 ⇒ 소방수 – 소방복, 우주인 – 우주복) ⑤ 크기가 같은 집합에 포함된 요소들을 짝지어 보게 한다. 두 집합의 크기가 달라 일대일 대응이 맞지 않으면 영 · 유아들은 왜 1:1로 대응해 보는지의 의미를 이해하지 못하고 혼란스러워한다. 크기가 같은 두 집합의 개체들을 1:1로 대응하는 경험을 충분히 하고 난 후 크기가 다른 두 집합의 개체들을 1:1로 대응하면 모자라는 것과 남는 것을 이해할 수 있게 되고, 나아가 두 집합의 크기를 비교할 수 있게 된다(예: 아이들 네 명과 가위 4개 짝짓기 ⇒ 강아지 네 마리와 밥그릇 5개 짝짓기). ⑥ 발달에 적절한 교육적인 내용의 컴퓨터 소프트웨어를 이용하는 것도 영 · 유아들이 하나의 키를 눌렀을 때 하나의 결과를 경험하게 되므로 일대일 대응의 경험을 하기에 좋다. ⑦ 가능하면 처음에는 실물이나 구체물을 이용하여 짝짓기를 하게 하고 점차 실물이나 구체물과 유사한 그림이나 사진으로 바꾸어 간다. 영 · 유아들이 짝짓기에 아주 익숙해지고 난 후에 추상적인 사물들을 이용한 사물들을 이용한 짝짓기(예: 블록, 종이 카드, 산가지, 막대 등)를 시도할 수도 있다.

❸ 물체 특성 비교하기

수나 양에 대해 정확히 알기 이전부터 영 · 유아들은 일상생활에서 누가 더 크다든지, 어느 것이 더 길다든지, 누가 더 많이 먹었다든지 등 다양한 비교 경험을 하고 비교에 관련된 언어를 사용한다. 영 · 유아들이 사물 간의 관계 중 다른 점을 이해하면 비교하기를 할 수 있다. 처음에는 직접 경험할 수 있는 사물을 크기나 모양 등의 구체적 속성에 의해 비교할 수 있고, 점차 수량이나 기능 등의 추상적인 속성에 의해 비교할 수 있게 된다. 비교하기 경험은 다른 모든 수학적 지식과 기술, 즉 수량의 이해, 순서 짓기(서열화), 측정하기, 자료 분류하기, 규칙 찾기 등의 기초가 되므로 이들과 관련된 구체적인 예는 각 영역에서 더 다루어질 것이다.

<table>
<tr>
<td rowspan="2">「비교하기 활동」의 종류와 특징</td>
<td>사물 비교하고 어휘 알기
• 두 가지 이상의 사물들을 한두 가지의 구체적 속성을 근거로 하여 비교하고 관련된 어휘들 알기(예: 과일의 모양 비교하기, 블록의 색깔 비교하기 등)
• 두 가지 이상의 사물들을 한두 가지의 추상적 속성을 근거로 하여 비교하고 관련된 어휘들 알기(예: 옷들의 재질이나 촉감 비교해 보기)</td>
<td></td>
</tr>
<tr>
<td>집합 비교하고 어휘 알기
• 두 개 이상 집합을 한두 가지의 구체적 속성을 근거로 하여 비교하고 관련된 어휘들 알기(예: 서로 다른 동물들의 모양과 크기 비교하기)
• 두 개 이상 집합들의 요소들을 한두 가지의 추상적 속성을 근거로 하여 비교하고 관련된 어휘들 알기(예: 욕실에 있는 물건들과 부엌에 있는 물건들 비교하기)</td>
<td></td>
</tr>
<tr>
<td>교사의 역할</td>
<td colspan="2">① 사물들의 차이점을 찾아보는 기회가 포함된 게임이나 역할놀이, 동화 듣기, 실험하기, 견학 등의 활동을 계획한다.
② 영 · 유아들이 일상생활에서 다양한 사물들이나 집합들을 여러 구체적 또는 추상적 속성에 의해 자연스럽게 비교해 볼 수 있도록 다양한 자료 및 활동을 제공한다.
〈사물 비교하기〉
• 구체적 속성 – 사과와 바나나의 모양, 현준이와 희진이의 키, 귤과 찐 고구마의 촉감과 맛, 돌멩이와 조개껍데기와 나뭇잎의 모양과 촉감 등
• 추상적 속성 – 스웨터와 비옷의 재질과 용도, 젓가락과 포크의 기능 등
〈집합 비교하기〉
• 구체적 속성 – 물고기의 집합과 새의 집합(모양 비교하기), 개미 집합과 코끼리 집합(크기 비교하기)
• 추상적 속성 – 남자아이들 집합과 여자아이들 집합(수 비교하기), 겨울용품 집합과 여름용품 집합(기능 비교하기)
③ 비교와 관련된 어휘 사용의 모델을 보여주고 격려한다. 교사가 정확한 비교급의 언어를 사용하여 일상생활에서 무심코 경험하는 비교하기를 수학적으로 의미 있는 비교하기로 연결하거나 교사가 의도적으로 계획한 활동들을 통해 비교와 관련된 어휘사용의 모델을 보여준다.
* 크다/작다(키, 크기, 소리), 많다/적다(수량), 길다/짧다, 뚱뚱하다/홀쭉하다, 무겁다/가볍다, 빠르다/느리다, 진하다/연하다(색), 춥다/덥다, 뜨겁다/차다, 두껍다/얇다, 넓다/좁다, 멀다/가깝다, 높다/낮다(건물, 소리), 거칠다/부드럽다, 질기다/연하다, 딱딱하다/푹신하다</td>
</tr>
</table>

❹ 부분과 전체 알기

일상생활에서 다양한 물체들의 특성을 탐색함으로써 영 · 유아들은 자연스럽게 부분과 전체에 대한 개념을 발달시키게 된다. 사람을 그릴 때 머리와 팔, 다리를 빠뜨리지 않고 그리면서 하나의 사물이 여러 가지의 특별한 부분들로 이루어져 있다는 것을 이해하게 되고, 사과 하나를 동생과 나누어 먹을 때 하나가 여러 개로 나누어질 수 있다는 것을 알게 된다. 또 생일을 맞은 친구의 엄마가 가지고 온 사탕 한 봉지를 분홍 분단 아이들끼리 나누어 가지면서 여러 개의 요소가 모여 있는 하나의 집합은 나눌 수 있다는 것도 배우게 되며, 귤 4개를 동생과 나누어 먹을 때 똑같이 2개씩 나눌 수도 있지만 자기가 3개 동생이 1개, 또는 자기가 1개 동생이 3개를 먹을 수도 있다는 것을 익히게 된다(Burris, 2005; Charlesworth & Lind, 2007; Copley et al. 2007; Jackman, 2009; Smith, 2009).

부분과 전체에 대한 개념은 영 · 유아들이 보고 듣는 것만으로도 이해할 수 있는 물리적인 지식인 것 같으나 사실은 사물들 사이의 관계를 알아야만이 이해할 수 있는 논리-수학적 지식이므로 아직 논리적 사고를 하지 못하는 영 · 유아들이 완전히 이해하기는 어려운 개념이다. 앞에서도 설명한 바와 같이 피아제(Piaget)는 인지발달 단계 중 전 조작기에 해당하는 영 · 유아기에는 사물의 여러 가지 속성 중 한 가지 속성에만 관심을 가지고 생각하며(사고의 중심화), 처음으로 상황을 되돌려서 생각하지 못하는(사고의 비가역성) 특징들이 있는데 바로 이러한 특징들 때문에 영 · 유아들은 부분과 전체의 개념을 완전히 이해하기 어렵다고 하였다. 하지만 일상생활에서 다양하고 반복적인 경험을 함에 따라 영 · 유아들은 여러 가지 종류의 부분과 전체에 대한 개념을 습득하기 시작하는데, 이는 후에 습득하게 될 수나 양의 비교와 분수 개념의 기초가 된다.

<table>
<tr><td rowspan="4">「부분과 전체 알기 활동」의 종류와 특성</td><td>하나의 사물을 구성하는 여러 가지의 부분 알기
하나의 사물은 여러 가지의 구체적 또는 추상적인 속성을 가진 부분들로 이루어져 있음을 안다.</td><td></td></tr>
<tr><td>하나인 전체를 여러 가지 방법을 이용하여 부분들로 나누기
하나인 전체는 여러 가지 방법에 의해 부분들로 나뉠 수 있음을 안다.
① 사과를 두 조각으로 나눌 수 있다.
② 콜라를 여러 잔으로 나누어 따를 수 있다.
③ 피자를 여러 조각으로 나눌 수 있다.
④ 종이를 여러 조각으로 나눌 수 있다.</td><td>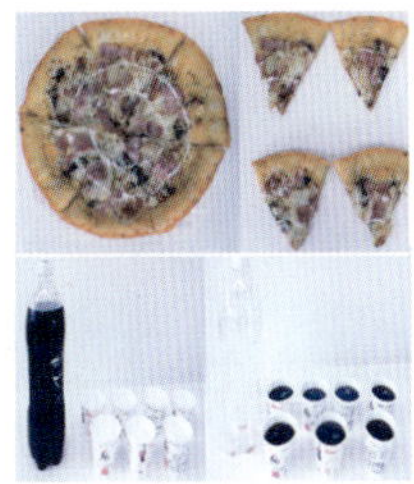</td></tr>
<tr><td>여러 개의 요소로 이루어진 집합을 작은 집합들로 나누기
여러 개의 요소로 이루어진 집합은 부분들로 다시 나눌 수 있음을 안다(예: 꽃병에 꽂힌 꽃들은 장미꽃다발과 안개꽃다발로 나눌 수 있다 바구니 속의 레고 블록들은 크기와 모양 및 색에 따라 분류하여 보관할 수 있다).</td><td></td></tr>
<tr><td>하나(1) 이상의 수를 여러 방법으로 나누기
하나(1) 이상의 수는 여러 방법으로 나누어질 수 있음을 안다. 수를 합성하고 분해하는 것은 수 감각의 발달, 특히 양을 이해하고 더하기와 덜어내기를 이해하는 데 열쇠가 되는 기초개념이다 (예: 다섯은 한 개와 네 개, 두 개와 세 개 등으로 나눌 수 있다).</td><td>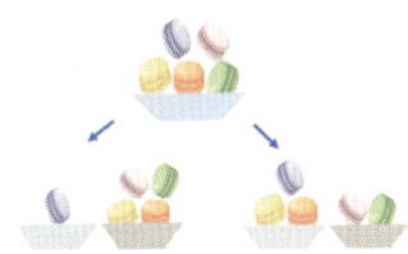</td></tr>
<tr><td>교사의 역할</td><td colspan="2">① 영 · 유아들이 부분과 전체의 관계를 이해할 수 있도록 다양한 통합적 활동을 계획하고 제공한다.
• 음악에 따라 몸의 각 부분을 움직여 보기
• 유아들을 여러 종류와 크기의 소집단으로 나누어 활동하게 하기
• 간식 시간에 과자 다섯 개를 두 사람이 똑같이 또는 다르게 나누어 먹을 방법 생각하기
• 사과 한 개, 주스 한 병을 식구들이 나누어 먹는 방법, 또는 나와 동생만 먹을 때 나누는 방법 생각하게 하기
• 우리의 몸(예: 머리, 팔, 다리, 몸통 등), 우리 집(예: 잠자는 방, 부엌, 거실, 화장실 등), 자동차(예: 엔진, 문, 창문, 의자 등) 등은 여러 부분으로 나누어 보기
• 미술공예시간에 커다란 종이를 필요한 수만큼 나누게 하기</td></tr>
</table>

교사의 역할	② 영 · 유아들이 직접 꺼내 쓰는 교구나 자료 중 같은 것이나 비슷한 것들은 한 장소에 정리해 두면 유아들 스스로 자료나 교구를 꺼내 쓰면서 자연스럽게 전체와 부분 간의 관계를 이해하게 된다(예: 가위가 일곱 개 있는데 내가 그중 하나를 쓴다). ③ 일상생활의 다양한 장면에서 부분과 전체의 개념에 관계되는 어휘들을 사용하며 부분과 전체의 의미에 대해 질문하고, 서로 이야기해 보게 하고, 적절한 반응을 해 주는 등 적극적인 상호작용한다(예: 우리 무궁화 반 아이들이 여기 다 모였구나. 어떤 아이들은 1번 버스를 타고 왔고, 어떤 아이들은 2번 버스를 타고 왔지? 참 걸어온 아이들도 있구나). ④ 일반적으로 만 5세(유치반)의 영 · 유아들은 10까지의 수를 몇 가지의 다른 방법으로 합성하고 분해를 할 수 있다. 따라서 다양한 구체물들과 상황을 이용하여 1~10의 수들을 여러 가지의 방법으로 조합하고 분해해 보는 경험을 하게 한다. 그러나 수의 조합을 수식으로 나타내는 것(예: 6=1+2+3)은 만 5세의 유아들이 이해하기에는 너무 이른 개념이므로 가르치지 않는 것이 좋다.

❺ 수량의 변화 알기

영 · 유아들은 일상생활의 여러 장면에서 더해지고 덜어내는 등의 수량의 변화를 자주 경험한다. 더하기란 이미 있는 사물에 다른 사물을 합하거나 사물들을 함께 모으거나 모자라는 부분을 보충하는 것을 뜻하며, 덜어낸다는 것은 이미 있는 사물들 중 일부를 없애거나, 하나의 집합에서 작은 집합을 분리해 내는 것을 의미한다. 말귀를 알아듣기 시작하면서부터 영 · 유아들은 이미 일상생활을 통해 수없이 많은 합하는 것, 함께 모으는 것, 보충하는 것, 덜어 내는 것, 나누어 갖는 것 등의 경험을 하고 있다. 그러나 유아들은 생활 속에서 늘 경험하는 더하기나 덜어내기 문제를 기호와 수식으로 나타내면 잘 이해하지 못한다. 따라서 3~5세의 영 · 유아들에게는 그들이 직접 경험하는 생활과 관련된 더하기나 덜어내기의 문제들을 실제 사물이나 구체물을 가지고 직접 조작해 봄으로써 해결하게 하는 것이 중요하다(Burris, 2005; Charlesworth & Lind, 2007; Copley et al., 2007; Jackman, 2009; Smith, 2009).

<table>
<tr><td rowspan="5">「부분과 전체 알기 활동」의 종류와 특성</td><td rowspan="2">더하기</td><td>같은 사물 더하기
이미 있는 사물(들)에 같은 종류의 다른 사물(들)을 합하는 것(예: 딸기 2개가 있는 데 3개를 더 주면 몇 개가 될까?)</td><td></td></tr>
<tr><td>두 개 이상의 집합들에 속한 다른 사물 더하기
두 개 이상의 다른 집합에 속한 요소들을 한 집합으로 모으는 것(예: 분홍 분단 여자아이들과 남자아이들은 모두 몇 명일까?)</td><td></td></tr>
<tr><td rowspan="3">빼기</td><td>한 집합에서 사물 덜어내기
한 집합의 사물 중 일부를 덜어내기(예: 4개에서 2개를 먹었는데 몇 개가 남았지?)</td><td>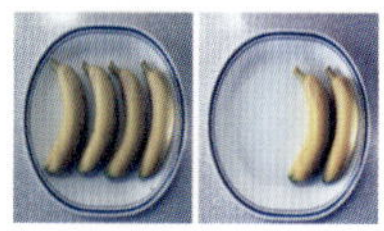</td></tr>
<tr><td>두 집합 간의 차이 알기
두 집합의 크기를 비교하여 어느 한 집합의 모자라는 부분 보충하기(예: 숟가락과 포크를 하나씩 짝지으려면 포크가 몇 개 더 필요할까?)</td><td></td></tr>
<tr><td>하나의 집합을 작은 집합들로 나누기
한 집합의 요소들을 다른 특징들을 가진 소 집합들로 나누는 것(예: 송편이 한 접시 있구나. 흰 송편과 노란 송편, 쑥 송편들이 몇 개씩 있을까? 쑥 송편을 먼저 다 먹으면 몇 개가 남을까?)</td><td></td></tr>
<tr><td>교사의 역할</td><td colspan="3">① 더하기/빼기를 하기 전, 수의 합성(예: 1개와 3개가 있거나 2개와 2개가 있으면 4개가 된다)과 분해(4개는 2개와 2개, 또는 1개와 3개로 나눌 수 있다)를 많이 경험하도록 해 주어야 한다.
② 더하기/빼기는 일상생활의 여러 상황에서 자주 자연스럽게 경험할 수 있는 것이므로 그러한 장면들을 활용하여야 한다.
• 같은 사물 더하기: 접시에 딸기가 네 개 있어. 그런데 엄마가 딸기를 세 개 더 주셨어. 모두 몇 개를 먹을 수 있지?
• 다른 사물 더하기: 강아지 네 마리가 있구나. 고양이는 세 마리가 있네. 강아지와 고양이는 모두 몇 마리일까?
• 같은 사물 덜어내기: 과자가 다섯 개 있어. 두 개를 동생에게 주면 너는 몇 개를 먹을 수 있을까?
• 모자라는 것 보충하기: 과자가 세 개 있는데 다섯 사람이 하나씩 먹으려면 몇 개가 더 필요할까?
• 두 집합 비교하기: 동현이는 카드를 다섯 장 가지고 있고 정현이는 카드를 세 장 가지고 있어, 누가 카드를 몇 장 더 가지고 있지?
• 집합 나누기: 파랑 분단 아이들은 모두 다섯 명이야. 두 명이 남자아이면 여자아이는 몇 명일까?</td></tr>
</table>

교사의 역할	③ 영 · 유아들이 생활 속에서 더하기/빼기의 문제를 해결하게 한다(예: 블록을 다섯 개 쌓았구나. 두 개를 더 쌓으면 몇 개가 될까?). ④ 10개 이하의 같은 종류의 사물들(사과들, 강아지들 등)로 더하고 덜어내는 것을 먼저 경험하게 하고 이것에 익숙해지면 다른 종류의 사물들(자동차들과 자전거들, 꽃과 새들 등)로 더하고 덜어내는 것을 경험하게 한다. ⑤ 그러나 1~10 범위의 수라도 추상적인 속성의 더하기와 덜어내기(예: 지금 네 살이구나. 두 살 더 먹으면 몇 살이 되니?)는 구체적인 속성의 더하기와 덜어내기를 잘할 수 있게 된 이후에 경험하게 한다. ⑥ 구체물이나 실물로 다양한 유형의 더하기/빼기를 잘할 수 있게 되면 활동의 내용을 "더하기/빼기"라는 어휘를 사용해서 묘사해 준다(두 개에 세 개를 더하니까 다섯 개가 되었구나, 세 개에서 하나를 빼니까 두 개가 되었구나). ⑦ 2+3=5라는 수식은 영 · 유아들이 구체적인 경험을 충분히 하여 더하는 것과 덜어내는 것을 명확히 이해한 후(대개 유치반 마지막 시기)에 가르치는 것이 효과적이다.

2) 물체의 위치와 방향, 모양을 알고 구별하기

물체의 모양을 구별하거나 위치를 아는 능력은 영아기부터 발달하기 시작한다. 언어를 통하여 사물의 모양을 묘사하고 위치를 설명하기 훨씬 전부터 영아들은 여러 가지의 모양을 만져보고, 보고, 비교해보고, 만들어 보는 경험을 하며, 위치와 방향, 거리 등에 관련된 말을 듣고 따라 한다. 만 3~4세 정도가 되면 위치와 방향, 모양에 대한 기본적인 개념들, 즉 여러 가지 모양들의 이름과 특징, 위치와 방향, 공간 안에서의 부분과 전체 및 경계, 닫힘과 둘러싸임 등에 대해 조금 더 적극적으로 탐색하고 이해하기 시작한다. 이때가 되면 여러 가지 모양의 이름을 말할 수 있고 그 특징을 묘사할 수 있으며(예: 세모 모양은 뾰족하고 동그라미는 뾰족하지 않다, 네모 모양은 잘 서 있고 동그라미는 잘 굴러간다 등), 자기가 어디에 있는지, 어느 쪽으로 가야 하는지(예: 나는 방에 있다, 오빠는 집 밖에 있다, 유치원에 가려면 저쪽으로 가야 한다 등) 등을 안다. 또 전체 공간은 여러 부분으로 구성되어 있고, 각 부분들은 경계선으로 나누어진다는 것도 이해하며(예: 우리 유치원에는 다른 교실들이 있다, 우리 교실에는 역할놀이영역과 쌓기 놀이영역, 언어영역 등이 있다, 무궁화 반과 병아리 반 교실 사이에는 벽과 문이 있다 등), 사물들은 선으로 둘러싸일 수 있고, 닫힌 선으로 둘러싸이면 공간이 생긴다는 것도 이해하게 된다(예: 교실은 벽으로 둘러싸여 있고 우리는 그 속에 있다; 운동장에는 울타리가 있고 그 바깥은 유치원이 아니니까 나가서는 안 된다 등). 영 · 유아기의 위치와 방향, 모양에 대한 이러한 기본적인 이해는 만 6세 이후에 습득하게 될 기하학(Geometry: 공간에 대한 물리적 지식을 습득하고 사물들과 사물들의 관계나, 사물과 공간의 관계를 이해하는 수학의 한 분야)을 이해하는 기초를 형성해 주므로 이 시기에 다양한 모양과 공간에서의 위치와 방향을 직접 탐색하고, 조작해 보는 경험을 하는 것은 매우 중요하다.

「물체의 위치와 방향, 모양을 알고 구별하기 활동」의 종류와 특성	**도형 알기** • 평면도형(동그라미, 세모, 네모)과 입체도형(원기둥, 정육면체, 직육면체, 삼각뿔)의 모양 알고, 비교하기, 짝지어 보기 • 평면도형과 입체도형의 속성 알고 분류하기 • 평면도형과 입체도형을 사용하여 그리기, 쌓기	
	다양한 모양의 변화 알기 • 도형 움직이기: 밀기, 뒤집기, 돌리기의 개념 이해하고 활용하기 • 도형 더하기: 여러 가지의 도형을 붙여보기, 더해보기 • 대칭 알기: 여러 가지 모양에서 대칭 이해하기	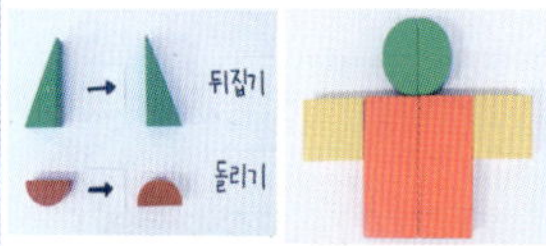
	다양한 모양들을 시각화하기 • 도형의 요소 이해하기: 점, 직선/곡선, 각, 열림과 닫힘 • 도형을 그리기/만들기: 보고 하기, 보지 않고 하기 • 다른 여러 방향에서 보고 도형 알아내기	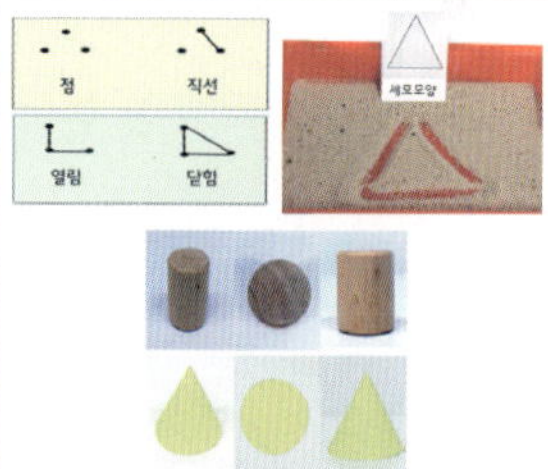
	공간 안에서 위치와 방향 알기 • 위치와 방향, 장소 등을 나타내는 어휘 듣고 이해하고 사용하기(예: 새는 집 위에 있고, 토끼는 집 안에 있구나. 개는 집의 오른쪽 옆에 있네 등). • 공간을 구성하는 여러 가지의 방법과 경계 이해하기 • 공간을 나누는 방법(닫힘과 둘러싸임의 의미) 이해하기	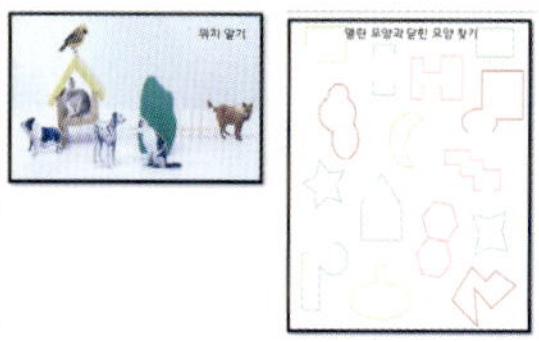

교사의 역할	① 여러 가지 종류의 기본 도형들을 경험할 수 있는 활동과 환경을 제공한다(예: 다양한 도형들을 준비하여 관찰하고 탐색해 보게 하기, 교실에서 볼 수 있는 여러 가지 물건에 도형과 관련된 이름 카드 붙여두기, 컴퓨터 활용하여 도형 가르치기 등) ② 도형을 나타내는 어휘를 사용하는 모델을 보여주고 영 · 유아들이 어휘를 사용해 볼 수 있는 기회를 제공한다. ③ 특정 도형인 것과 도형이 아닌 것을 함께 가르친다(삼각형인 것, 삼각형이 아닌 것). ④ 두 가지의 모양이나 도형이 합해졌을 때 어떤 모양이 되는지 예견하고 탐색하는 기회를 제공한다(예: 세모 모양 두 개를 더해서 네모 모양 만들기, 동그라미와 네모 모양 붙여보기, 블록을 쌓기 전에 기대되는 모양을 그리거나 이야기해 보게 하기 등). ⑤ 도형의 특징을 찾아내고, 설명하고, 그려 보고, 점토나 파이프 클리너 등으로 평면도형과 입체도형을 만들어 보는 기회를 제공한다. ⑥ 위치, 방향, 장소 등을 나타내는 어휘를 소개하고 바르게 사용하는 경험을 하게 한다. ⑦ 다양한 공간을 직접 경험할 수 있는 활동과 환경을 제공한다(예: 블록 쌓기 놀이를 통하여 닫힘이나 면적에 대한 개념이 발달하므로 다양한 블록이 준비된 블록영역을 제공해 준다). ⑧ 공간에서의 부분과 전체의 개념을 경험하고 이해할 수 있는 다양한 기회를 제공한다(예: 크기가 다른 여러 종류의 퍼즐 맞추기, 크기가 다른 여러 종류의 블록으로 집 짓기 등). ⑨ 학급지도를 만들어 사용하게 한다(예: 어디에 무엇이 있는지 찾아보기, 어디에 무엇을 두면 좋을지 생각해 보기 등). ⑩ 정리 · 정돈 시간에 모양에 따라 교구를 정리하게 한다.

3) 길이, 무게 등의 속성 비교하고 측정하기

일상생활에서 영 · 유아들은 양이나 크기를 파악하고 즐겨 비교하는데(예: 내가 동생보다 더 크다, 선생님의 의자는 우리 의자보다 더 무겁다 등), 이는 수학적 지식의 하나인 측정을 이해하기 위한 기본 개념이다. 측정이란 구체적인 연속 량(예: 길이, 높이, 무게, 부피 등)이나 추상적인 연속 량(예: 온도, 시간, 돈)을 파악하는 것인데, 하나씩 떨어져 있는 비연속 량을 재는 수 세기보다 이해하기 어렵고, 자나 저울 등의 측정도구를 사용하여 길다, 무겁다, 많다, 덥다 등의 속성에 숫자와 특정한 단위를 부여하여 그 정도를 아는 것이므로 영 · 유아들이 이해하기에는 아주 추상적이고 어려운 개념이다. 하지만 만 3~4세의 영 · 유아들도 길이, 부피, 무게, 온도 등이 대강 무엇인지는 일상생활을 통해 느끼고, 자신의 경험과 비교하여 알게 된다. 그리고 이미 이때부터 지각에 근거하여 길이, 부피, 무게, 온도 등을 비교해 봄으로써 측정의 개념을 이해하기 시작한다.

비교하여 순서 짓는 능력은 두 가지 이상의 사물들이나 집합들을 여러 가지의 속성(예: 크기, 길이, 높이, 넓이, 색의 농도, 촉감 등)에 따라 일정한 순서대로 늘어놓을 수 있는 능력을 뜻하는 것으로, 이는 측정이라는 개념을 이해하는 데 기본이 되는 개념이다. 피아제(Piaget)에 의하면 순서를 짓는다는 것은 사물들을 비교하고 적절한 곳에 배열하는 두 가지의 사고를 동시에 요구하는 과업이므로 만 3~4세의 영 · 유아들이 이해하기는 어려운 개념이며, 만 4~5세경에 시행착오를 통하여 사물들을 여러 번 옮겨 보고서야 순서 짓기를 할 수 있게 되고, 만 5~6세 이후가 되어야 사물들을 관찰하여 일정한 순서대로 늘어놓는 능력이 발달한다고 한다. 그리고 사물들의 양이나 길이, 무게 등을 비교할 때 영 · 유아들은 도구를 사용한 측정을 하기 이전에 직관에 의해서 판단하게 된다(예: 큰 것이 항상 더 무겁다든지 가까이에 있는 것이 키가 더 크다 등). 따라서 만 5세 이하의 영 · 유아들에게는 측정 도구를 이용한 측정을 직접 가르치기보다는 일상생활에서 여러 가지 사물을 직접 느껴보고, 직접 대어보아 비교해 보고, 자기 몸의 부위를 이용하여 비교해보아 순서 지어 보는 경험을 반복함으로써 측정의 기초개념을 이해하도록 하는 것이 중요하며, 자나 저울, 온도계 등의 도구를 사용하여 사물의 속성(예: 무게나 길이, 온도 등)을 재고, 추상적인 단위(예:그램, 미터, 킬로그램, 센티미터, 도 등)를 사용하는 논리적인 측정에 대한 개념은 만 5~6세 이후에 가르치는 것이 좋다.

특히 측정 중에서 영 · 유아들이 이해하기에 가장 어려운 개념이 시간을 측정하는 것이다. 무게나 길이, 온도에 비해 시간이라는 것은 직접 보거나 느낄 수 없는 개념이며(예: '내일'이라는 시간을 나타내는 말을 일상생활에서 거의 매일 쓰지만 '내일'을 볼 수는 없다), 시계를 보는 것도 수의 5진법, 12진법, 60진법 등을 이해하고 있어야 가능하기 때문이다. 따라서 만 3~5세의 경우 자신이 늘 경험하는 일의 순서를 알게 하고 그 일들이 얼마나 오래 지속되는지를 자신의 경험과 비교하도록 하고, 시간과 관계되는 어휘들을 일상생활에서 바르게 쓸 수 있도록 도와주는 것이 중요하며, 시각이나 시간의 개념, 시계 보기 등은 만 6~8세 이후에 가르치는 것이 좋다.

<table>
<tr>
<td rowspan="2">「길이, 무게 등의 속성 비교하고 측정하기 활동」의 종류와 특성</td>
<td>순서 짓기
• 구체적 속성에 의해 순/역 방향으로 순서 짓기
• 두 가지 이상의 구체적 속성에 의해 순서 짓기
• 기호나 상징(예: 숫자)으로 순서 짓기</td>
<td>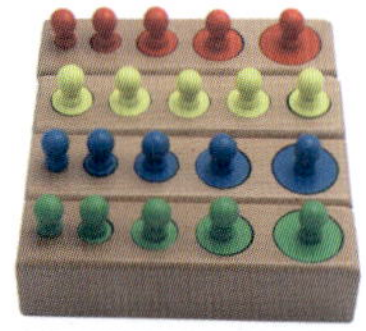
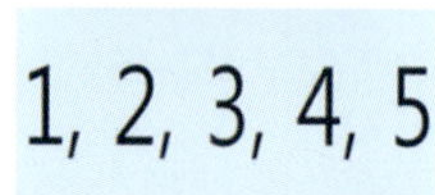
</td>
</tr>
<tr>
<td>측정하기
• 길이나 양, 온도, 시간 등을 나타내는 어휘는 일상생활의 반복되는 경험을 통해 측정에 관련된 어휘 듣고 사용하기
• 비표준단위(예: 손, 발, 팔 길이, 연필, 블록, 소꿉놀이 컵, 이쑤시개 등)을 사용하여 길이, 부피 등을 측정하기(만 4~5세 유아들)
• 표준단위를 사용하여 길이, 부피, 무게, 면적, 온도 등을 측정하기
• 시간과 달력을 이해하기(예: 매일 달력을 보고 오늘은 몇 월 며칠이라는 것을 반복적으로 이야기한다, 디지털 시계를 보고 몇 시 몇 분이라는 것을 이야기한다, 시계를 보고 작은 바늘이 3에 오면 집에 가는 시간이 된다는 것을 이야기한다. 등)</td>
<td>
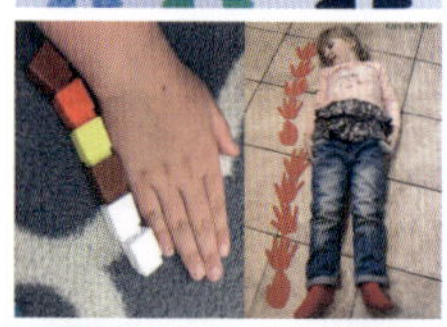

</td>
</tr>
</table>

교사의 역할	① 다양한 구체물들의 여러 가지 속성을 비교하고 순서대로 늘어놓는 경험을 할 수 있는 활동들을 제공한다. ② 순서대로 늘어놓은 사물들을 숫자와 짝지어 보게 하여 서수의 개념을 이해하도록 도와준다. ③ 만 3~4세 영 · 유아들은 어른들이나 큰 아이들이 측정하는 것을 보고 놀이를 통하여 자기가 본 것들을 모방함으로써 측정에 대한 이해를 하기 시작한다. ④ 만 3~4세 영 · 유아들에게는 가상놀이, 물놀이, 모래놀이, 요리하기 등의 활동을 통해 다양한 측정을 경험해 보도록 활동과 놀잇감을 제공해 준다. ⑤ 일상생활에서 다양한 종류의 측정하는 모델, 측정에 관련된 어휘를 사용하는 모델을 보여주고 놀이 상황에서 사용해 보게 한다. ⑥ 만 4~5세 유아들에게는 다양한 비표준단위로 주변의 여러 가지 사물들을 측정하는 경험을 하게 한다. ⑦ 만 5~6세의 유아들은 표준단위로 측정을 해야 사물들을 비교할 수 있다는 것을 인식하기 시작하므로 표준단위를 이용하여 여러 가지의 사물을 측정해 보는 경험을 하게 한다. ⑧ 길이를 잴 때는 어느 한끝에서 시작하여 다른 끝까지를 재는 것임을 알려주고 다양한 사물들의 길이를 측정해 보는 경험을 하게 한다. ⑨ 표준단위를 이용하여 측정하는 것을 이해하기는 아직 이르지만 만 4~5세부터 여러 가지의 다양한 측정 도구를 준비해 주어 측정 도구와 단위의 사용을 자연스럽게 경험하도록 해 준다. ⑩ 영 · 유아들은 자신의 경험과 비교한 시간개념만을 이해할 수 있으므로 유아들의 일상생활을 이용하여 일의 순서나(예: 네가 세 살이었을 때, 네가 오늘 아침을 먹고 난 후에, 지금부터 바깥 놀이를 하고 그 후에, 네가 유치원에 갈 때 등) 지속 정도(네가 낮잠 자는 만큼 오래, 다섯 밤 자는 만큼 아주 오래, 이 닦는 만큼 금방 등)를 반복하여 이야기해 준다. ⑪ 아직 시간개념이 완전히 발달한 것은 아니나 일상생활에서 시간과 관련된 어휘 및 시계와 달력에 관한 어휘들을 사용하는 모델을 보여준다. ⇒ 시간이나 달력에 대한 완전한 이해는 만 6세 이후에 가능하다.

* 실린더의 지름에 따라 순서 짓기, 실린더의 높이에 따라 순서 짓기, 실린더의 지름과 높이에 따라 순서 짓기 등을 경험해 볼 수 있는 교구이다.

4) 주변에서 반복되는 규칙 찾기

규칙이란 사물이나 사건, 또는 특정한 속성들이 일정한 방법으로 변화하거나 반복되는 것을 의미한다. 대수학의 가장 중요한 기본인 규칙의 이해는 영 · 유아기부터 시작하여 청년기에 이르기까지 수학을 배우는 한 계속 접하게 되는 중요한 개념이다. 규칙을 이해함으로써 영 · 유아들은 사물 간의 인과관계 또는 논리적 관계 등을 이해하게 될 뿐 아니라 그 규칙에 의거하여 예측할 수 있고, 원칙을 일반화할 수 있고, 규칙을 응용하여 새로운 문제를 풀 수 있게 되며, 새로운 것을 창의해 내는 사고능력을 발달시키기 때문이다(Smith, 2009).

만 3~4세의 영 · 유아들은 교사가 조금만 도와주면 일상생활 환경에서 경험하는 모양이나 무늬, 소리, 몸동작 등에서 변화를 찾아내고 어떤 변화가 일어났는지를 이해하고 표현할 수 있다. 만 4세가 되면 그 변화의 규칙을 찾아내고 모방해 볼 수 있으며, 만 5세가 되면 일상생활에서 경험하는 여러 가지의 사물, 그림, 음악, 노래, 동시, 그리고 늘 경험하는 사건 등에 나타난 구체적 속성에 의한 규칙을 찾아내고, 그 규칙에 따라 다음에 어떤 속성이 와야 하는지도 예측할 수 있다(Burris, 2005; Copley at al., 2007; Smith, 2009). 그리고 이러한 능력은 영 · 유아기 동안 반복되는 경험에 의해 발달할 수 있는 능력이므로, 영 · 유아들로 하여금 적절한 활동과 일상적인 경험을 통하여 다양한 규칙을 경험하고, 찾아낸 규칙을 자신만의 방법으로 표현해 보며, 규칙을 연장해 보고 나아가 간단한 규칙을 만들어 보는 기회를 주는 것이 매우 중요하다.

<table>
<tr>
<td rowspan="2">「주변에서 반복되는 규칙 찾기 활동」의 종류와 특성</td>
<td>변화 찾기
• 일상생활에서 스스로 경험하는 구체적인 변화 찾기: 만 3~4세(예: 내가 아기였을 때보다 키가 컸어요, 나뭇잎의 색이 바뀌었어요 등)
• 일상생활에서 반복되는 변화 찾기(예: 아침, 점심, 저녁, 밤, 달의 모양 변화, 일주일 동안 요일의 변화</td>
<td> 
</td>
</tr>
<tr>
<td>규칙 이해하기
• 반복되는 구체적 규칙 이해하기: oxox 또는 ooxooxoox 등 구체적인 속성이 일정한 형태로 반복되는 규칙을 찾고, 모방해 보고, 예측하기
• 증감하는 구체적 규칙 이해하기: oxooxoooxoooox 또는 oxxyyyzzzz 등 구체적인 속성들이 증감해 가는 규칙을 찾고, 모방해 보고, 예측하기
• 관계에 의한 규칙 이해하기: 배열되어 있는 사물이나 사건, 수들 사이의 관계에서 발생하는 규칙을 찾아내고 모방해 보고, 예측하기</td>
<td>반복되는 규칙성

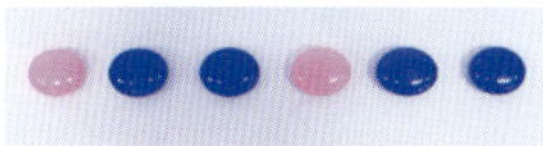
증감하는 규칙성

관계에 의한 규칙성
</td>
</tr>
<tr>
<td>교사의 역할</td>
<td colspan="2">① 영 · 유아들에게 규칙에 관한 활동을 제공할 때는 연령이나 발달 정도에 따라 다음과 같은 순서로 경험하게 한다.
• 변화 찾기 활동(만 3~4세)
• 반복되는 규칙을 이해하는 활동(만 4~5세)
• 증감하는 규칙을 이해하는 활동(만 5~6세)
• 관계에 의한 규칙을 이해하는 활동(만 6~7세)
② 영 · 유아들과 규칙에 관한 활동할 때는 규칙을 찾아보게 하고(만 3~4세)
⇒ 규칙을 표현해 보게 하고(만 3~4세)
⇒ 규칙을 모방해 보게 하고(만 4~5세)
⇒ 규칙을 예측해 보게 하고(만 4~5세)
마지막으로 새로운 규칙을 만들어 보게(만 5~6세) 한다.
③ 영 · 유아들에게 규칙을 찾게 할 때는 색의 규칙부터 시작하여 모양의 규칙성, 크기의 규칙 순서로 찾게 한다.
④ 다양한 규칙이 나오는 이야기, 동시, 노래, 리듬 활동, 손 유희, 율동 등을 계획하여 영 · 유아들이 여러 종류의 규칙을 찾고, 설명해 보고, 모방해 보도록 해 준다.</td>
</tr>
</table>

교사의 역할	⑤ 규칙을 만드는 속성이나 규칙 단위의 특징을 파악하도록 도와주고 영 · 유아들이 스스로 규칙을 말로 표현해 보는 경험을 하게 한다(예: 게시판 가장자리를 장식한 띠 벽지의 무늬가 흰색 하늘색 흰색 하늘색이라 말한다, 친구가 입고 있는 옷에 빨간색, 하얀색의 줄무늬가 있다). ⑥ 다양한 종류의 변화나 규칙을 경험할 수 있는 교구를 제공하고 게시판이나 벽면 장식을 할 때 간단하면서도 다양한 종류의 규칙을 적용한다(예: 블록을 한 개, 두 개, 세 개, 네 개를 차례로 옆으로 쌓아서 계단 모양을 만든다). ⑦ 여러 가지의 구체물로 규칙을 만들어 보게 할 때에는 적어도 다섯 번 정도 규칙이 반복되도록 해 보게 한다(예: oxoxoxoxox, ooxooxooxooxoox 등). ⑧ 규칙은 생활의 일과, 영 · 유아들의 옷, 그날 준비한 그림책 등 일상생활에서 자연스럽게 경험할 수 있으므로 그러한 장면들을 학습의 기회로 잘 활용한다. ⑨ 구체물에 의한 규칙을 잘 찾아내면 추상적인 속성의 규칙을 찾아보게 한다(예: ← ↑ → ↓ ← ↑→ ↓의 규칙).

5) 일상에서 모은 자료를 분류하고 결과 이해하기

수학교육의 다른 내용과 마찬가지로 영 · 유아들은 유치원이나 집에서의 일상생활을 통해 사물들을 분류하는 경험을 많이 한다. 분류하기는 사물들 사이의 '같은 점'을 찾아내고, 같은 점들이 있는 사물들끼리 모으는 것을 말한다. 분명한 특징으로 정의되는 사물들이나 생각들의 집단, 모임을 만든다는 점에서 분류하기는 집합 만들기라고도 하는데, 이는 사물들 사이의 관계를 이해하고 그것들을 연결하거나 정리하고 조직하는 능력이므로 논리적 사고의 기초를 형성하는 데 중요한 역할을 한다. 만 2~3세의 영아들도 구체적인 속성에 따라 사물들을 분류하여 간단한 집합을 만들 수 있으며(예: 강아지들과 새들, 농구공들과 야구공들), 만 4~5세가 되면 두 가지 이상의 구체적인 속성에 근거하여 사물들을 분류하는 능력이 발달하게 된다(예: 빨간색 동그라미들과 빨간색 세모들).

영 · 유아들은 또 생활 속에서 여러 가지의 자료를 모으고, 분류하며, 결과를 나타내는 경험도 한다(예: 친구들을 초대하여 생일파티를 할 때 음료수를 주면서 콜라를 원하는 친구와 사이다를 원하는 친구들을 먼저 조사하거나, 유치원에서 반 친구들의 생일을 정리해 둔 달력을 보면서 반 친구들의 생일이 어느 달에 제일 많은지를 비교한다). 자료를 정리하고 결과를 나타낸다고 하면 중 · 고등학교에 가서나 또는 어른이 되어서야 이해할 수 있는 내용이라 생각하기 쉽지만 영 · 유아들도 자료를 모으고, 분류할 수 있으며, 많은 경험을 통해 자료를 비교하고 결론을 내릴 수 있다. 그리고 이러한 경험을 통하여 영 · 유아들은 의문에 대한 답을 찾거나, 주어진 문제를 해결하기 위하여 자료를 수집하고, 분류하고 정리하며, 문제를 해결하는 능력의 기초를 발달시키게 된다(Burris, 2005; Charlesworth & Lind, 2007; Copley et al., 2007; Jackman, 2009; Smith, 2009). 또한 이러한 경험은 비단 수학적 능력뿐 아니라 자신의 의견을 정확하게 표현하고, 다수의 의견을 존중하는 사회적 기술의 발달도 도와주며, 필요한 정보를 수집하고 판단하는 능력의 발달도 도와준다(Copley, 2000; Shaw & Blake, 1998). 따라서 영 · 유아들로 하여금 일상생활에서 쉽게 접하는 경험들을 활용하여 사물들을 분류해 보게 하고, 자료를 모아서 다른 사람이 알기 쉽게 정리해 보고, 또 모아진 자료들이 의미하는 바를 생각해 보고 나름대로 결론을 내리는 등의 경험을 하게 하는 것은 매우 중요한 일이다.

「일상에서 모은 자료를 분류하고 결과 이해하기 활동」의 종류와 특성	**분류하기** • 한 가지의 구체적 속성(예: 모양, 색, 크기 등)에 의하여 분류하기 • 한 가지의 추상적 속성(예: 재질, 기능, 사용 용도 등)에 의한 분류하기 • 두 가지 이상의 속성을 가진 한 종류 사물(예: 색과 크기가 다른 낙하산, 색과 크기가 다른 단추 등) 분류하기 • 두 가지 이상의 속성들을 가진 다른 종류의 사물(예: 모양과, 크기와 색이 다른 색종이, 색과 크기와 구멍의 수가 다른 단추 등) 분류하기 • 그림들을 특성에 따라 분류하기 • 기호들을 특성에 따라 분류하기	

<table>
<tr>
<td rowspan="4">「일상에서 모은 자료를 분류하고 결과 이해하기 활동」의 종류와 특성</td>
<td>자료 모으기
• 조사대상, 자료의 범주 정하고 자료 모으기: 유아들이 일상생활에서 알아보고 싶은 내용과, 그것에 적합한 몇 가지의 범주를 정하고 구체적 자료 모으기</td>
<td>
</td>
</tr>
<tr>
<td>자료 정리하여 그래프로 나타내기
• 모인 자료를 실제 사물이나 구체물을 이용한 그래프 만들기: 좋아하는 색의 깃대 앞에 가서 서는 조사방법을 선택한 경우, 각 깃대 앞에 선 유아들의 줄 그 자체가 바로 실물을 사용한 그래프가 된다.
• 모인 자료를 그림이나 스티커를 이용한 그래프 만들기(좋아하는 과일의 그림이나 스티커를 선택하여 칠판에 붙이는 조사방법을 선택한 경우 범주에 따라 유아들이 칠판에 직접 붙인 과일의 그림이나 스티커들이 그래프가 된다).
• 색종이를 이용한 막대그래프 만들기(그림 대신 색종이 이용)</td>
<td>
</td>
</tr>
<tr>
<td>자료의 결과 이해하기
• 여러 가지의 그래프를 눈으로 길이를 비교해보거나, 일대일 대응으로 수를 세어 보아 어떤 경우가 얼마나 더 많거나 적은지, 어떤 경우들이 같은지, 어떤 경우가 가장 많거나 가장 적은지 등을 이해한다.</td>
<td rowspan="2"></td>
</tr>
<tr>
<td>자료의 결과 활용하고 관련된 어휘 익히기
자료의 결과들을 비교하고 해석하는 과정에서 수학과 관련된 어휘들을 익히고 바르게 사용하도록 도와준다.</td>
</tr>
<tr>
<td>교사의 역할</td>
<td colspan="2">① 여러 가지의 사물들을 자기만의 방법이나 기준으로 분류해 보는 경험을 갖게 한다.
② 사물들을 여러 가지의 기준에 의해 분류해 보게 한다.(모양, 색, 크기 등 구체적 속성에 의하여 분류하기, 재료, 가격, 기능, 출처 등 추상적 속성에 의하여 분류하기, 같은 모양과 크기의 컵들 모으기, 같은 모양과 크기의 단추들 모으기 등, 두 가지 다른 색의 컵들과 접시들로 컵들의 모임, 접시들의 모임 만들기, 단추 구멍의 수와 크기가 다른 단추들로 큰 단추들의 모임, 작은 단추들의 모임 만들기, 혹은 2구멍 단추, 4구멍들의 모임 만들기, 강아지 그림들과 고양이 그림들을 이용하여 강아지들의 모임과 고양이들의 모임 만들기, 강아지 세 마리와 동그라미 세 개로 강아지들의 모임, 동그라미들의 모임 만들기)
③ 일상생활에서 영 · 유아들 스스로의 특징에 따라 분류하여 다양한 모임들 만들기의 경험을 많이 해 보게 한다(남자아이들과 여자아이들, 끈 운동화 신은 아이들, 벨크로 운동화 신은 아이들, 머리가 긴 아이들 짧은 아이들, 반소매 옷을 입은 아이들, 긴 소매 옷을 입은 아이들, 자전거를 타고 싶은 아이들, 공놀이하고 싶은 아이들 등).</td>
</tr>
</table>

<table>
<tr>
<td>교사의
역할</td>
<td>④ 분류의 기준을 글자와 함께 그림으로도 나타내어 분류의 기준을 정확하게 이해하도록 도와준다.
⑤ 영 · 유아들의 흥미와 자료를 모을 가능성 등을 고려하여 적절한 조사대상을 찾도록 도와준다(예: 친구들이 기르는 애완동물의 종류, 친구들이 좋아하는 색이나 과일, 만화영화, 아이스크림 등)거나 수를 이용한 자료(친구들의 형제나 자매의 수, 친구들이 신는 신발의 크기, 친구들의 키나 몸무게 등).
⑥ 영 · 유아들이 조사해 볼 내용에 따라 적절한 조사방법을 찾도록 도와준다.
• 조사의 내용에 따라 질문을 구체화한다(예: "어떻게 하면 우리 반 친구들이 어떤 블록을 가장 좋아하는지 알 수 있을까?", "다른 친구들의 생각을 어떻게 알 수 있을까?").
• 조사의 범주에 어떤 항목들을 넣을 것인지, 또 각 항목에 대하여 자신의 의견을 표현할 때는 어떻게 할 것인지(예: 좋아하는 색의 깃대 앞에 가서 서 보자, 좋아하는 블록을 하나씩 가져와서 그 수를 세어 보자는 등)에 관한 적절한 조사방법을 찾아낼 수 있도록 도와주어야 한다.
• 만 3~4세 영 · 유아들을 대상으로 자료 모으기를 할 때 기준을 두 가지로 시작하는 것이 자료를 비교하고 해석하는 데 필요한 이해를 도와준다.
⑦ 자료를 그래프로 나타내는 것을 도와준다.
• 그래프를 만들 때 교사는 왜 그래프를 만드는지 생각해 보게 한다(예: "우리가 조사한 자료를 한 번에 쉽게 알아볼 수 있도록 정리하는 방법은 없을까" 또는 "우리가 조사한 방법은 없을까?"). ⇒ 그래프를 만들어 보는 이유는 자료를 더 쉽게 이해할 수 있기 때문이라는 것과 내가 조사한 자료를 다른 사람들이 알기 쉽게 보여주는 것이라는 점을 알려 준다.
• 자료를 제시할 때 실물이나 구체물, 그림을 사용한다.
• 어떤 유형이든 그래프를 만들 때는 반드시 출발선이 같게 해야 한다는 것을 알려 준다.
• 왼쪽에서 오른쪽으로 또는 아래에서 위로 증가하는 것이 보이도록 할 때 그래프를 더 쉽게 이해할 수 있다.
⑧ 자료의 이해를 도와준다.
• "이 그래프가 무엇을 보여주고 있니?", "이 그래프를 보고 생각한 것을 한번 말해 보자" 등의 열린 질문을 먼저 던져 영 · 유아들이 먼저 그래프에 대해 생각하게 해 보는 것이 좋다.
• 그런 다음 "얼마나 더 많은 친구들이 ◇◇에 보다 △△에 표했니?", "또 다른 방법으로 알아볼 수는 없을까?", "그렇다면 우리 반 친구들은 ◇◇보다 △△을 더 ○○ 하는구나," 또는 "가장 ~~ 한 것은 ##이구나" 등 비교와 관련된 어휘를 사용하여 자료에 대한 결론을 내릴 수 있도록 도와주어야 한다.
⑨ 자료의 활용 모델 보여주기: 그래프에 나타난 결과를 생활에 연결하는 모델을 보여준다(예: 우리 반 친구들이 보라색을 제일 좋아하니까 다음 주에 게시판에 다는 리본을 보라색으로 하면 어떨까?).</td>
</tr>
</table>

6) 수학적 사고능력 기르기

위에서 설명한 수학적 지식이나 기술과 관련된 내용 이외에 수학적 또는 논리적으로 사고하는 능력과 태도를 길러 주는 것도 수학교육의 중요한 내용이 되어야 한다. 미국의 경우, 유치원부터 고등학교까지의 수학교육의 내용과 방법에 대한 지침을 제시하고 있는 미국수학교육자협의회(National Council of Teachers of Mathematics: NCTM)에서 제시하고 있는 영 · 유아기의 수학교육의 내용에는 '수학적 사고능력을 길러 주기'가 수학교육의 한 범주로 포함되어 있으며, 구체적인 내용으로 문제를 해결하는 능력, 생각하는 능력, 다른 사람과 의사소통하는 능력, 수학적 지식이나 기술을 일상생활에 적용하고 연결하는 능력, 수학적 사고를 표현하는 능력 등을 포함하고 있다(NCTM, 2015).

우리나라의 누리과정에는 탐구영역의 일부로 관찰, 비교, 분류, 예측, 실험 등의 다양한 탐구과정 즐기기, 탐구하는 과정에서 자신의 생각을 또래나 교사와 함께 공유하고, 서로 다른 생각에 관심 갖기 등이 언급되고 있다. 그러나 21세기를 살아가기 위해서는 영 · 유아들이 생각하는 능력을 길러 새로운 상황에 적절히 대처하고 주어진 문제를 해결할 수 있어야 한다는 것을 고려한다면 영 · 유아기부터 수학교육을 통해 수학적 또는 논리적으로 사고하는 능력과 태도를 길러 주는 것이 더 강조되어야 한다. 그리고 수학적으로 또는 논리적으로 사고하는 능력 및 태도에는 문제의 해결을 위해 생각하는 능력, 문제를 해결하는 능력, 알고 있는 수학적 지식이나 기술을 일상생활에 적용하여 적극적으로 사용하고자 하는 태도 등이 포함되어야 하며 이들 또한 수학교육의 일부로 강조되어야 한다.

언급한 바와 같이 만 3~4세의 영 · 유아들도 생각할 수 있다. 단지 그들의 생각이 대개 짐작하기나 추측하기에 의한 것이며, 자기 나름대로 자기의 추측에 대해 설명하지만 많은 경우 논리적이지 못하다는 점이 다를 뿐이다. 그리고 이 시기의 전 논리적 사고는 이후의 논리 수학적 사고의 발달에 기초가 된다는 것은 이미 설명하였다. 우리나라의 누리과정에서는 사고능력 관련 내용이 자연탐구 영역의 일부로 포함되어 있어 자칫 과학교육에서 더 강조되어야 하는 것으로 오해할 수 있으나 수학교육을 통하여 영 · 유아들로 하여금 여러 가지의 생각하는 능력뿐 아니라, 자신의 생각을 논리적으로 표현하고 다른 사람들과 교류하는 능력, 다양한 문제들을 여러 가지 방법으로 해결하는 능력들을 기를 수 있는 기회를 주는 것이 반드시 필요하다.

「수학적 사고발달을 위한 활동」의 종류와 특징	**생각하기** • 여러 가지의 상황에서 다양한 경우를 생각해보는 능력을 기른다.
	문제해결하기 • 일상생활에서, 놀이 상황에서, 구조적인 활동을 하는 상황 등에서 일어나는 다양한 종류의 문제를 해결하는 능력 • 직접 수학과 관련되지 않은 문제(예: 새로운 놀잇감을 교실의 어디에 두면 좋을까? 어느 곳에 두는 것이 편리하게 놀 수 있는 곳일까?) • 직접 수학과 관련된 것(예: 얼마나 넓은 장소가 필요할까?)
	의사소통하기 • 3~4세: 기본적인 의사소통은 가능하나 수학적 내용에 대한 의사소통은 서투름 • 5세: 수학적 내용에 대한 의사소통이 가능
	수학적 기술이나 지식 적용하기 알고 있는 수학적 지식이나 기술을 일상생활에 적용하여 적극적으로 사용하고자 하는 태도
교사의 역할	① 영 · 유아기에 생각해 보는 경험을 많이 할수록 생각하기의 중요성을 알게 되고 나아가 늘 생각하는 태도를 기를 수 있다 ⇒ 교사는 활동을 계획할 때 질문의 내용, 영 · 유아들의 생각하는 시간도 함께 계획하여야 한다. ② 영 · 유아들에게 생각할 다양한 기회를 제공해 주고, 자기의 생각을 다른 사람들 앞에서 표현해 보는 기회를 준다. ③ 일과 활동의 여러 장면에서 영 · 유아들이 다양한 방법으로 또는 다양한 해결방안들을 찾을 수 있는 문제해결의 기회를 제공해 준다. ⇒ 영 · 유아들이 흥미 있어야 하고 그들에게 적절한 도전을 제공할 수 있는 질문을 하거나 상황을 만들어 준다. ④ 영 · 유아들의 다양한 생각이 받아들여지는 환경을 만들어 준다. ⑤ 교사 스스로가 적극적으로 의문을 가지거나, 생각하거나, 문제를 풀어나가는 모델을 보여준다(예: 교사가 문제를 해결하는 과정을 큰 소리로 독백처럼 말하여 영 · 유아들이 보고 배우도록 해 준다). ⑥ 영 · 유아들의 말을 수학적 언어/어휘를 써서 반복해 주거나, 일과 활동, 놀이, 구조적 학습 경험 등을 통해 그들이 다양한 경로의 의사소통을 해 볼 수 있는 활동(예: 극화놀이, 역할놀이 등)을 계획한다.

교사의 역할	⑦ 영 · 유아들과 상호작용을 할 때 그들의 말을 주의 깊게 듣고 그들의 질문에 진정한 답을 해 주는 모델을 보여주거나, 손을 들고 의사를 표현하는 다른 아이들의 행동을 바람직한 모델로 제시해 준다. ⑧ 영 · 유아들의 수학적 사고나 경험을 여러 가지의 방법, 즉, 말, 행동이나 활동, 상징이나 기호, 도표나 그래프 등의 방법으로 표현할 수 있도록 가르쳐 주고, 경험해 보게 하고, 모델을 보여주고, 표현 도구를 제공해 준다. ⇒ 스스로 표현해 봄으로써 개념들을 더 정확히 이해하게 되고, 내면화할 수 있으며, 정보를 재조직할 수 있고, 수학과 연결해 보는 기회도 가질 수 있다. ⑨ 수학적 지식이나 기술을 영 · 유아들의 일상적인 활동들과 연결하여 지도한다. ⇒ 영 · 유아들이 수학이란 언제 어디서나 늘 사용하는 것임을 경험하고 배우게 해 준다. ⑩ 통합적 계획을 하여 수학이 말하기, 듣기, 그리기, 만들기, 노래하기, 모래/물놀이 등의 다른 영역과 연결되는 것이라는 것과 수학은 생활의 여러 장면에서 사용되는 것임을 자연스럽게 경험하게 한다.

제3장의 중요한 개념

수학교육의 목표, 개정 누리과정의 수학교육의 내용, 직관에 의한 즉석 파악, 암기에 의한 수 세기와 합리적 수 세기, 1:1 대응의 개념, 위계적 포함관계의 이해, 구체적 속성과 추상적 속성의 이해, 수학교육에서의 비교하기의 의미, 부분과 전체의 개념, 수의 합성과 분해, 더하기와 덜어내기, 순서짓기, 측정개념의 발달, 표준단위와 비표준단위, 시간개념의 이해, 규칙 찾기, 자료 모으기, 수학적 사고력

논의해 보기

- 본 장에서 제시한 수학교육의 내용을 참고하여 수학교육의 내용이 체계적으로 제시되어야 한다는 의미를 논의해 보자.

제 4 장

영 · 유아를 위한 수학교육의 평가

1. 평가의 필요성과 목적
2. 평가의 방법
3. 평가결과의 활용
4. 교사 자신의 평가

목 표

1. 수학교육을 위한 평가의 종류 및 방법, 도구를 이해하고 사용할 수 있다.
2. 평가자료의 활용방안을 이해하고 평가자료에 근거한 지도계획을 수립할 수 있다.
3. 평가결과를 근거로 부모들과 협력하는 방안을 이해할 수 있다.
4. 수학교육을 가정과 연계할 수 있는 방안을 찾아보고 부모들에게 가정에서 할 수 있는 수학 활동을 제공할 수 있다.

1. 평가의 필요성과 목적

유아교육뿐 아니라 일반적인 교육의 영역에서 평가의 목적이나 방법에 대하여 잘못된 인식이 있어 왔다는 것은 사실이다. 미국수학교육자협의회(NCTM)에서는 평가에 대한 잘못된 인식들을 다음과 같이 요약하고 있다(Charlesworth and Lind, 2007).

- 평가의 목적은 학습자가 무엇을 못하는지 찾아내는 것이다.
- 평가는 학습자가 얼마나 많은 정답을 맞혔나를 측정하는 것이다.
- 평가는 학습자의 능력을 다른 사람들의 능력과 비교하기 위해 수행하는 것이다.
- 평가의 목적은 학습자가 알고 있는 지식이나 기술을 측정하는 것이다.

- 평가의 최선의 방법은 시험문제를 주어 풀게 하는 것이다.
- 평가는 측정이 용이한 능력을 대상으로 수행되어야 한다.

평가는 영 · 유아들이 무엇을 얼마나 알고 있고 할 수 있는지를 알아내는 것이 주된 목적이 되어야 한다. 그리고 바른 답을 찾지 못한 문제들에 대해서는 왜 그랬는지의 이유를 찾아내는 수단으로 사용되어야 한다. 또, 평가를 할 때에는 얼마나 많은 정답을 맞추었나보다는 어떻게 생각하여 답을 구했는지에 초점을 두어야 하며, 평가의 결과는 영 · 유아의 발달을 이해하고 다른 아이들의 평가결과와 비교하기보다는 그 아이가 이전에 비해 어떻게 변화하고 발달했는지를 비교하는 데 사용되어야 한다. 단순히 지식이나 기술만을 평가하기보다는 지식과 기술을 활용한 문제해결능력까지를 측정하는 것이 올바른 평가이다. 또 영 · 유아들의 발달 정도 및 평가의 목적과 내용에 따라 관찰하기, 질문하기, 작품 분석하기, 표준화된 검사방법 사용하기 등의 다양한 방법이 적절하게 사용되어야 한다. 마지막으로 진정한 의미의 평가는 눈에 보여서 측정이 용이한 능력뿐만 아니라, 다소 복잡하더라도 영 · 유아들이 반드시 알고 있어야 하는 능력을 측정할 수 있어야 하는 것이다.

평가는 크게 진단평가, 형성평가, 종합평가의 세 가지로 나뉜다. 진단평가란 적절한 교육을 계획하기 위하여 교육을 수행하기 이전에 영 · 유아들이 무엇을 얼마나 알고 있는지를 알아보는 것이다. 형성평가는 교육을 수행하는 과정에서 영 · 유아들이 가르치는 내용을 얼마나 알고 있는지, 배운 내용과 관련된 문제들을 스스로 해결할 수 있는지 등을 알아보고 그 결과에 따라 교육의 방법을 수정하고 보완하기 위한 목적으로 이루어진다. 종합평가는 교육의 전체적인 효과를 알아보기 위하여 교육의 마지막 단계나 교육이 끝난 후 영 · 유아들이 가르친 내용을 얼마나 잘 알고 있는지를 측정하는 것이다.

얼마 전까지만 해도 세 가지의 평가 중 종합평가가 강조되어 왔다. 그러나 최근에는 종합평가보다 진단평가와 형성평가의 중요성이 더욱 강조되고 있다. 즉, 평가는 영 · 유아들이 더 잘 배울 수 있도록 지원하는 교수 방법의 일부로서, 그들을 위한 보다 효과적인 교육 방법을 찾아내고, 더 적절한 다음 단계의 교육활동을 계획하기 위하여 수행되는 것이 더 중요하다는 것이다. 그리고 이를 위해서는 교육을 수행하기 이전에 영 · 유아들이 알고 있는 수학적 지식이나 기술에 대한 정보와 자료를 수집하는 진단평가와, 교육을 수행하는 도중 영 · 유아들이 배우고 있는 내용을 얼마나 잘 이해하는지를 파악하는 형성평가를 더 강조해야 한다. 이러한 관점에서 진단평가와 형성평가는 교사가 주제나 단원을 계획할 때, 자유놀이활동을 준비할 때, 흥미영역 등의 환경을 준비할 때, 그리고 교사가 안내하는 놀이나 대 · 소집단 활동을 위한 수업계획안을 작성할 때 반드시 포함시키는 것이 좋다.

2. 평가의 방법

영 · 유아를 위한 수학교육에서 진단평가, 형성평가, 종합평가를 수행할 때는 아동이나 성인을 평가할 때 주로 사용하는 시험지를 사용하는 평가(paper–pencil test)는 지양해야 한다. 대신 영 · 유아들의 발달적 특징을 고려하여 영 · 유아들이 놀이를 하거나 여러 가지 활동을 수행하는 장면을 교사가 관찰하거나 그들의 작품을 통하여 평가하는 것이 필요하다.

1) 관찰하기

관찰하기는 교사가 영 · 유아들의 활동을 관찰하여 평가하는 방법으로 주로 그들이 알고 있는 지식이나 기술을 얼마나 잘 활용하는지 파악할 때 사용되는 방법이다. 관찰을 하려면 교사는 먼저 무엇을 관찰하는지에 대한 분명한 목표를 가지고 있어야 하며, 일과 활동 중 다양한 시간에 관찰하고자 하는 목표 행동이 아이들의 활동에 나타났을 때 표본식 기술, 일화기록, 체크리스트, 평정 척도 등의 방법으로 관찰결과를 기록하는 방법이다.

❶ 관찰결과를 표본식 기술로 기록하기

표본식 기술이란 정해진 시간 동안 관찰한 영 · 유아의 행동을 모두 기록하는 방법인 반면, 일화기록이란 관찰하고자 하는 특정 행동이 나타났을 때 그 행동에 관한 모든 사실을 객관적으로 기록하는 것을 말한다. 두 가지 방법 모두 행동의 시간적, 공간적 배경에 대한 자세한 설명을 덧붙여야 한다. 표본식 기술이나 일화기록을 할 때 주의할 점은 관찰자의 느낌이나 판단을 기록에 포함해서는 안 되며, 있는 그대로의 사실을 시간적 순서에 의해 객관적 어휘를 사용하여 기록해야 한다는 것이다. 교사는 기록된 표본식 기술이나 일화들을 2주, 한 달 등의 기간에 한 번씩 정기적으로 분석하여 영 · 유아들의 발달, 학습, 행동 등에 대한 평가를 하여야 한다.

표 4-1 | 자유놀이시간 동안 수 · 조작영역에서 관찰한 일화기록의 예

일시	2021년 7월 1일 오전 10시 10분	장소	교실(수 · 조작영역)
관찰아동	배정환	관찰자	정소현
기록	수찬이는 정환이와 함께 수 조작영역에서 '지역명소 여행하기' 교구를 꺼낸다. 정환이가 "야~ 가위바위보 하자." 하며 수찬이와 '가위, 바위, 보' 한다. 정환이가 이겨서 먼저 주사위를 굴린다. '3'이 나온다. 그리고 돌림판 주사위를 돌리자 '+1'에 화살표가 멈춘다. 정환이는 "3이 나오고 1이 나왔으니 나는 네 칸 가야 한다" 하며 말을 옮긴다. 수찬이 차례가 되어 주사위를 굴리자 '2'가 나온다. 돌림판 주사위를 돌리자 '−1'이 나온다. 수찬이가 가만히 있자 정환이가 "야~ 너 2에서 1을 빼야 하니까 한 칸 가야지" 하며 수찬이의 말을 한 칸 옮겨준다.		
교육과정영역	자연탐구		
해석	정환이는 주사위를 이용하여 5 이내의 두 가지 수를 더하고 뺄 수 있다.		

❷ 관찰결과를 체크리스트로 기록하기

체크리스트의 기록은 교사가 영 · 유아들의 활동을 관찰하면서 사전에 준비된 목록에 포함된 행동들이 나타났을 때 그 여부를 기록하는 방법이다. 이 방법을 사용하여 관찰기록을 할 때 가장 중요한 것은 사전에 관찰의 목표에 맞는 적절한 체크리스트를 선택하거나

개발하는 것이다. 교사가 체크리스트를 개발하는 경우 관찰 목표에 따라 기대되는 행동들을 객관적인 어휘를 사용하여 한 문항에 행동 하나씩 열거하여 만든다. 최근에는 전형적인 체크리스트를 변형하여 교사의 의견이나 간단한 일화기록을 함께할 수 있는 여백을 넣은 새로운 형태의 체크리스트도 사용되고 있다. 관찰하기 전 교사는 선정된 체크리스트를 충분히 읽어보아 각 문항을 충분히 이해하고, 어디에 어떤 문항이 있는지도 숙지해 두어야 한다. 영 · 유아들의 행동은 순간적으로 일어나므로 관찰을 하는 도중 문항을 읽거나 찾을 시간은 없기 때문이다.

영역	문항		평가 시기			
숫자 알기와 수 세기	직관에 의한 수 파악하기		4월	7월	11월	2월
	암기에 의한 수 세기	10 이하의 수				
		20 이하의 수				
		그 이상				
	합리적 수 세기	10 이하의 수				
		20 이하의 수				
		그 이상				
	숫자 찾기	10 이하의 수				
		20 이하의 수				
		그 이상				
	숫자 쓰기	10 이하의 수				
		20 이하의 수				
		그 이상				

영역	문항		평가 시기			
짝 짓기	제 짝 찾기		4월	7월	11월	2월
	구체적 속성 (색, 모양 등)	구체적 속성 (색, 모양 등)				
		추상적 속성 (기능, 출처 등)				
	상관성을 가진 사물들의 짝 짓기					
	수와 숫자 짝 짓기	10 이하의 수와 숫자				
		20 이하의 수와 숫자				
		그 이상				
	1:1 대응하여 짝 짓기	10 이하의 수				
		20 이하의 수				
		그 이상				

[그림 4-1] 체크리스트

❸ 관찰결과를 평정척도로 기록하기

평정척도에 의한 기록은 체크리스트에 의한 기록과 거의 유사하나 행동의 여부를 표하는 것에서 한 단계 더 나아가 행동의 정도까지를 기록하는 방법이다. 체크리스트와 마찬가지로 관찰하기 이전 관찰 목표에 부합되는 평정척도를 선택하거나 개발해야 하며, 교사가 평정척도에 포함된 문항과 그 순서를 미리 숙지해두는 것이 매우 중요하다. 평정척도를 개발할 때는 목표행동의 단계를 논리적으로 나누어서 이를 가장 잘 나타내는 평정의 방법, 예를 들어 5점 척도, 4점 척도 등의 방법을 적절하게 선택하는 것이 중요하다.

표 4-2 | **평정척도의 예**

1. 분류하기: 사물들을 구체적 속성에 의해 분류하기			
1	2	3	4
사물들을 한 가지 구체적 속성에 의해 분류할 수 있다.	사물들을 1~2가지 구체적 속성에 의해 분류할 수 있다.	사물들을 1~2가지 정도의 구체적 속성에 의해 분류하고 그 이유를 설명할 수 있다.	사물들을 여러 가지의 구체적 속성에 의해 분류하고 그 이유를 설명할 수 있다.

2. 유아가 수학활동에 참여하는 것을 즐긴다				
1	2	3	4	5
전혀 그렇지 않다	그렇지 않은 편이다	어떤 때는 그렇지 않고 어떤 때는 그렇다	그런 편이다	매우 그렇다

2) 질문하기

질문하기는 교사가 영 · 유아들에게 질문을 하여 그들이 특정한 지식이나 정보, 또는 기술을 얼마나 알고 있는지를 평가하는 방법이다. 이 방법에는 자유선택놀이 시간이나 대 · 소집단 활동 중 영 · 유아들이 참여하고 있는 활동을 통해 교사가 그 상황이나 활동에 적절한 질문을 하는 비형식적 질문하기와 특별히 계획된 시간에 교사가 미리 준비한 질문을 하는 형식적 질문하기의 두 가지가 포함된다. 이 두 가지 방법은 영 · 유아들이 놀이활동을 수행하는 과정과 마지막에 도달한 결과의 수준을 함께 평가할 수 있고, 특히 그들의 생각하는 과정을 파악하는 데 효과적이어서 유아교육 분야에서 많이 사용되고 있다.

질문하기로 평가할 때는 교사는 영 · 유아들의 생각을 존중하고 받아들이는 태도를 가

일상생활경험과 연결하여 수학적 개념 질문하기

지고 그들의 생각이나 반응을 이끌어 낼 수 있는 열린 질문을 하는 것이 중요하다. 열린 질문은 주로 영 · 유아들의 생각이나 느낌을 물어보거나, 그들이 다른 것 또는 다른 방향으로 생각해 보도록 하는 질문이다. 열린 질문은 '어떻게', '왜', 또는 '어떤'이라는 말로 시작하는데, 이러한 질문을 한 후에는 영 · 유아들이 생각하여 답하도록 적어도 5~7초 정도의 시간을 주고 기다려 주는 것이 매우 중요하다. 질문의 내용은 활동에 근거하여 영 · 유아들이 알고 있는 것을 파악할 수 있는 것이어야 한다. 또한 같은 내용이라도 개개 영 · 유아의 특성이나 발달 정도에 맞는 질문들을 미리 준비하는 것도 필요하다. 가능하면 영 · 유아들이 주어진 활동에 적극적으로 참여하고 다른 것에 의하여 방해받지 않도록 환경을 제공해 주는 것도 그들이 아는 것을 완전히 표현할 수 있게 도와주는 방법이다. 만약 교사 이외의 다른 관찰자가 교사와 함께 질문하기의 방법으로 평가해야 하는 경우라면 교사는 영 · 유아가 다른 관찰자와 미리 친숙해지도록 한 다음 평가해야 한다. 평가결과는 체크리스트나 평정척도 등의 방법으로 기록될 수 있다.

3) 영 · 유아의 작품/활동결과물 분석하기

읽기와 쓰기의 능력이 완전하게 발달하지 못한 영 · 유아들을 평가하는 또 다른 효과적인 방법이 그들의 표본 작품을 분석하는 것이다. 여기에서 말하는 표본 작품이란 영 · 유아들이 다양한 활동에 참여하면서 남긴 그림, 만들기 작품들이나 그 사진들, 쓰기 표본들, 공동 작품의 사진들, 그들의 활동을 찍은 사진들이나 비디오로 기록한 것 등을 의미한다. 교사는 적합한 표본 작품들을 정기적으로 모아 분석하여 영 · 유아들의 발달이나 성취 정도, 발달의 향상 정도를 파악해야 하는데, 표본 작품은 인위적으로 만들어진 것이 아니라 대부분 실제 상황에서 그들이 자발적으로 만들어 낸 것이므로 더 의미 있는 평가 자료라 할 수 있다. 표본 작품들을 모을 때는 그 작품의 교육적 목표에 따라 영 · 유아들이 스스로 만들어 낸 표본 작품들을 일정한 시간 간격으로 비슷한 종류를 모으고, 작품을 통해 파악해야 할 목표행동과 평가 준거를 정확히 정하여, 체크리스트를 만들거나 척도를 만들어 분석하는 것도 필

유아작품분석 평가표(만 4세)

이름 허○○

평가내용	실시시기 1학기	실시시기 2학기	평가내용	실시시기 1학기	실시시기 2학기
1. 중심물체는 어떻게 잡는가? ① 위로 치우친다. ② 아래로 치우친다. ③ 중앙에서 시작한다.	③		8. 다른 작품을 모방하는가? ① 모방을 많이 한다. ② 어느 정도 모방한다. ③ 모방하지 않는다.	③	
2. 면의 공간을 얼마나 차지하며 그림을 그리는가? ① 전면 ② 면의 1/2 정도 ③ 면의 1/4 이하	①		9. 재료의 특징을 잘 이용하는가? ① 부족하다. ② 좀 서툴지만 특징을 살리려 한다. ③ 잘 이용한다.	③	
3. 어떤 모양을 주로 사용하는가? ① 동그라미 ② 네모 ③ 세모	①. ②. ③ 모두		10. 그림의 내용은 어떠한가? ① 일정하다. ② 보통이다. ③ 다양하다.	②	
4. 선의 모양은 어떤가? ① 곡선 ② 직선 ③ 점선	①. ②		11. 그림 속에 이야기가 풍부하게 담겨 있는가? ① 이야깃거리가 없다. ② 이야깃거리가 제한적이다. ③ 이야깃거리가 풍부하다.	②	
5. 색의 선호는 어떠한가? ① 어두운 색 ② 밝은 색 ③ 다양한 색	③		12. 독창성이 있는가? ① 부족하다. ② 다소 부족하다. ③ 독창성이 우수하다.	②	
6. 사용하는 색의 수는 몇 가지인가? ① 한 가지 ② 두세 가지 ③ 네 가지 이상	③		13. 자기 작품을 언어로 표현할 수 있는가? ① 없다. ② 단답형 표현 ③ 구체적 표현	②	
7. 사물을 구체적으로 표현하는가? ① 형태를 알아볼 수 없음 ② 단순한 형태 ③ 구체적인 형태	②		14. 그리거나 만드는 데 즐거움을 느끼는가? ① 모든 것을 싫어한다. ② 둘 중 한 가지만 즐거워한다. ③ 모두 즐거워한다.	③	

유아의 작품이나 활동 결과의 분석

요하다. 또 표본 작품을 모을 때 자기의 작품에 대한 영 · 유아의 생각을 물어 함께 적어 두었다가 분석 시 참고할 수 있으며, 작품을 만들 때 교사가 관찰하거나 느낀 특이사항을 기록해 두었다가 함께 분석하는 것도 좋은 방법이다. 표본 작품들의 분석이 끝나면 전체적인 평가의 결과를 요약 · 정리해 두고 이전의 평가결과와 비교해 볼 수도 있다.

4) 표준화된 검사지와 검사도구 이용하기

표준화된 검사란 표준화된 내용의 검사를 표준화된 과정으로 실시하여 표준화된 준거에 의해 점수를 매기는 평가 방법을 의미한다. 예전에는 표준화된 검사가 주로 시험지의 문제를 푸는 방법으로 수행되어 왔으나, 최근에는 발달 영역에 따라 수행평가를 할 수 있는 다양한 도구도 개발되어 있다. 그러나 평가자와 영 · 유아 간의 관계가 평가의 결과에 특히 많은 영향을 미친다는 것과, 유아들의 발달의 특징과 발달에 있어서의 개인차를 존중해야 한다는 것, 또 평가의 결과보다는 학습의 과정을 중요시해야 하는 유아교육의 특징을 고려해 볼 때, 표준화된 검사 방법은 발달에 적합한 평가방법이라고 보기에는 무리가 있다(Kostelnik et al., 2007; Morrison, 2009).

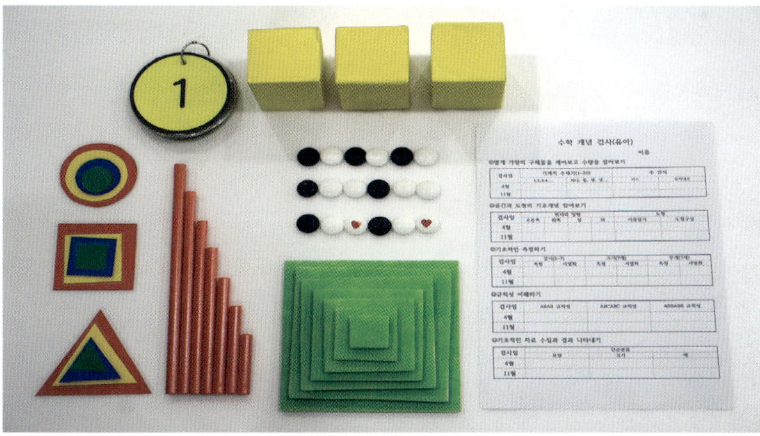

수학 개념 발달 측정 검사도구

3. 평가결과의 활용

1) 수업 개선을 위한 활용

위에서 언급한 바와 같이 평가는 영 · 유아들이 더 잘 배울 수 있도록 지원하는 교수방법의 일부로 수행되는 것이므로 교사는 평가결과를 영 · 유아들의 학습과 발달을 지원하기 위한 기초자료로 적극 활용할 수 있어야 한다. 즉, 월간/주간 계획을 수립하거나 하루의 일과를 계획할 때나 개개 영 · 유아의 요구 및 특성과 능력에 적합한 개별교육을 계획하고 수행할 때 평가자료를 근거로 하여 영 · 유아들의 흥미와 능력에 적합하고 발달을 위해 필요한 활동 및 자료를 선택할 수 있어야 한다는 것이다. 또 교사 자신도 영 · 유아들을 평가한 자료를 근거로 하여 자신의 교수방법을 스스로 평가하고 교육과정의 효율성도 평가하여 영 · 유아들의 개선을 할 수 있어야 하며, 평가결과는 장애의 여부를 조기에 발견하는 것에도 활용될 수 있어야 한다. 하루의 많은 시간을 유아들과 보내는 교사는 유아들을 전문적으로 관찰하고 평가할 수 있는 기회를 가지며 이를 통해 다른 누구보다도 장애의 초기 증후를 발견할 수 있는 가능성이 많다. 이처럼 평가결과는 유아들을 위한 발달에 적절한 교육방법을 찾아내어 더 효율적인 교육을 수행하는 데 반드시 참고하고 활용해야 하는 것이다. 개정된 누리과정에서도 유치원과 어린이집에서는 지역적 특성 및 기관의 상황, 영 · 유아들의 요구를 반영하여 자율적인 평가를 계획 · 수행하고 그 결과를 교육의 개선을 위해 적극 활용하도록 권장하고 있다.

2) 가정과의 협력

영 · 유아들에게 가정은 그 어느 것과도 대치될 수 없는 중요한 곳이라는 것은 우리 모두가 잘 아는 사실이다. 이는 가정이 영 · 유아들의 성장과 발달의 기초인 기본적인 욕구를 충족시키는 곳이기 때문이기도 하지만 가정에서의 경험이 그들의 신체적, 인지적, 사회적, 정서적 발달의 기초를 형성할 뿐 아니라 질적인 발달에 지대한 영향을 끼치기 때문이기도 하다. 더욱이 가정과 학교가 공동의 목표를 가지고 서로 긴밀히 의사소통하며 협력할 때 유아교육의 최대의 효과를 가져온다는 것은 많은 연구 결과에서도 보고되고 있다.

종합 의견	▭이는 유치원 생활에 잘 적응하고 또래와 어울려 놀이하는 것을 좋아하며 바깥놀이를 통한 대근육활동을 매우 즐거워합니다. 또한 친숙한 글자에도 관심을 보이며 자신의 느낌이나 생각 등을 언어로 표현하는데 매우 구체적이나 여러사람이 함께 이야기 할 때 말할 차례를 지켜서 이야기하는 경험이 필요합니다. 집단생활의 경험을 통해 좋아지리라 생각합니다. 유아반과 연계하여 지도할 수 있도록 하겠습니다.
부모님 의견	집에서 한이는 혼자다 보니 엄마·아빠가 이야기 하거나 할머니·할아버지가 이야기 할 때 꼭 껴서 이야기 하고 싶어하고, 집에서 기차나 자동차놀이 해며 잘 놀다가도 같이 놀 친구가 없다고 호소하는 모습이 자주 보입니다. 추운데도 놀이터에 나가서 자전거 타기를 많이 즐깁니다.

교사와 부모와의 협력

특히 평가결과를 부모에게 알리고 평소에 부모들이 기관에서의 수학교육의 방향에 맞도록 가정에서도 수학교육을 할 수 있도록 하는 것이 매우 중요하다. 이는 영 · 유아들이 가정에서 정말 많은 것을 자연스럽게 배우는 기회를 가지기 때문이다. 엄마나 아빠와 음식을 만들거나, 식사 준비를 하거나, 세탁을 위해 빨래를 분류하거나, 형제자매들과 간식을 나누어 먹는 등의 경험에서 영 · 유아들은 많은 수학적 지식을 경험하고 배우는 기회를 가질 수 있다. 그런데 많은 경우 부모나 가족들은 일반적인 영 · 유아기의 발달 특징이나, 개개 영 · 유아들이 어떠한 성향을 가지고 있는지 객관적으로 알지 못하고 있는 경우가 많다. 영 · 유아들이 일반적으로 주변의 많은 것들에 호기심을 가지고 있다든지, 스펀지가 물을 흡수하듯이 많은 지식이나 정보를 배우고 싶어 한다든지, 영 · 유아기 사고의 특징이 한 번에 한 가지 사실에만 집중할 수 있다든지 등에 대해서는 부모나 가족들도 잘 알지 못하는 경우가 많다. 또 부모들은 대개 영 · 유아를 위해서 할 수 있는 가장 최선의 것이 비싼 장난감을 사주는 것으로 알고 있으며 일상 생활의 많은 장면에서 부모가 간단히 상호작용 해 주거나, 간단한 활동을 함께함으로써 그들의 성장과 발달을 도와줄 수 있다는 것은 잘 모르는 경우가 많다. 그리고 많은 경우 맞벌이 등으로 바쁜 현대사회의 부모들은 아이들과 함께 보내는 시간이 중요하다는 것은 알지만 어떻게 보내는 것이 중요한지를 모르고 있는 경우가 대부분이다.

따라서 유아교육기관의 교사는 부모와 면담을 할 때 교사가 평가를 통해 파악한 영 · 유아들의 특징을 부모에게 알려준다든지, 부모교육의 기회를 활용하거나, 부모에게 보내는 쪽지, 가정 통신문, 주간 계획표 등의 방법을 이용하여 부모와 가족이 자신의 아이를 바르게 이해하도록 도와주고, 또 집에서 아이와 함께할 수 있는 수학 활동을 알려주어 가정에서도 부모들이 적절한 수학적 경험을 제공해 주고 교육적으로 적절한 방법으로 상호작용 할 수 있도록 도와주어야 한다. 이를 통해 영 · 유아들은 가정에서의 다양한 생활 경험을 통해 수학적 지식과 기술을 경험하고 배울 수 있으며, 기관에서 배운 수학적 지식과 기술, 사고 방법을 반복해 보고 적용해 볼 수 있게 되므로 가정과 학교가 연계된 최선의 교육의 효과를 기대할 수 있는 것이다.

1+2=3

도원이 어머님께~

오늘 도원이가 자유선택활동시간에 속상한 일이 있었습니다. 친구들과 수 · 조작영역에서 패턴에 관한 교구를 가지고 놀이를 하다 도원이가 패턴 판에 있는 참외 → 수박 → 참외 → 수박 → 참외 → 수박 카드를 잘못 놓아 그것을 본 친구가 틀렸다고 놀려서 도원이가 울었습니다. 제가 도원이에게 틀릴 수도 있다며 이야기해 주었고, 저와 다시 패턴게임 놀이를 하자고 하였더니 도원이는 쾌히 응하였습니다. 한참을 저와 놀이한 후 도원이는 규칙성의 개념을 이해하였습니다. 혹시 집에서도 그 일 때문에 속상하다고 이야기하면 도원이의 마음을 달래 주시면서 구체물을 이용한 다양한 패턴 놀이를 해주시면(사과 → 귤 → 사과 → 귤 → 사과 →) 다음에는 어떤 과일이 오면 좋을까? 도원이가 다음에 규칙성에 관한 교구나 활동을 할 때 좀 더 자신감을 가지고 잘할 수 있을 것 같아서 메모 드려요.
도원이와 함께 즐거운 저녁시간 되시기를 바랍니다.

병아리반 선생님 드림

교사가 유아의 수학활동에 대해 알리는 편지

표 4-3 | 가정에서 할 수 있는 수학교육활동들의 안내

수학교육내용	수학교육활동들
물체를 세어 수량 알기	① 집에 있는 것은 무엇이든지 아이와 함께 세어 보세요. 단, 수 이름과 사물을 하나씩 순서대로 짝지으며 세는, 즉 일대일 대응으로 세는 모델을 보여 주세요. ② 수 세기를 할 때 가끔 일부러 실수를 해서 아이가 찾아낼 수 있게 해 주세요. ③ 수 세기와 관련된 책을 많이 읽어 주세요. 책에 나오는 사물들을 아이와 함께 세어 보세요. 일대일 대응으로 세는 것을 잊지 마세요. ④ 사물을 센 후 몇 개가 있었는지를 확인한 다음, 사물들 중 몇 개를 가리고 "엄마가(또는 아빠가) 몇 개를 가렸을까?" 물어보세요. 아이가 잘못된 대답을 하면 "너는 엄마가 ○개를 가렸다고 생각하는구나. 우리 같이 알아보자" 하고 아이와 함께 가린 사물들을 세어 주세요. 그리고 아무렇지도 않게 "★개가 숨어 있었네. 우리 정현이도 잘 찾아내는구나" 하고 아이가 찾아낸 과정을 칭찬해 주세요. ⑤ 집에서, 길에서, 가게에서, 병원에서 등 생활 속 여러 장면에서 수가 사용된 경우를 아이와 함께 찾아보세요. ⑥ 만 3~4세 아이들의 경우 5개 이하의 사물(예: 과자, 사탕 등)들로 여러 종류의 수 만들기 게임(엄마는 과자 5개를 하나는 이 접시에 두고, 두 개는 두 번째 접시에, 그리고 나머지 두 개는 세 번째 접시에 담을 거야. 너는 접시 네 개 줄게, 어떻게 담아 볼래?)을 해 보세요.
물체의 위치와 방향, 모양을 알고 구별하기	① 아이들이 블록으로 여러 가지의 쌓기를 하도록 격려해 주세요. 그리고 어떤 모양이 되었는지를 말로 표현해 주세요(예: 정아가 긴 네모 모양의 탑을 쌓았구나). ② 일상 생활에서 위치(안, 바깥, 위, 아래, 옆 등), 방향(앞으로, 옆으로,뒤로, 밥 먹는 손 쪽으로 등), 장소(방, 목욕탕, 놀이터, 12동 옆, 슈퍼마켓 앞 등)를 나타내는 어휘를 사용하는 모델을 보여 주세요. ③ 아이들에게 엄마(또는 아빠)가 말하는 대로 움직여보기 게임을 하면서 아이가 위치, 방향, 장소를 나타내는 말을 따라 할 수 있도록 해 주세요. ④ 아이가 주변에서 볼 수 있는 사물들을 기본 도형(동그라미, 세모, 네모, 상자 모양, 공 모양, 깡통 모양 등)과 연결시켜 주세요. ⑤ 집에서 밀가루로 점토를 만들어 아이가 여러 가지의 모양을 만들어 보도록 격려해 주세요(밀가루 점토 만들기: 밀가루 1c, 물 ½c, 소금½c, 식용유 1ts). ⑥ 아이가 만든 탑이나 구조물의 사진을 찍어 두었다가 며칠 후 다시 똑같은 것을 만들어 보라고 해 보세요. ⑦ 아이와 여러 가지 도형 그리기를 해 보세요. 엄마가 그린 도형의 일부를 가리고 아이에게 어떤 모양인지 알아 맞추어 보게 하세요. ⑧ 여러 가지의 퍼즐 맞추기를 아이와 함께해 보세요.
길이, 무게 등의 속성 비교하고 측정하기	① 일상생활에서 여러 가지의 측정을 하는 모델을 보여주세요. 그리고 측정을 할 때 아이가 들을 수 있게 큰 소리로 이야기하면서 하세요(예: 오늘 저녁에는 쌀 세 컵으로 밥을 해야지, 세 사람이 먹을 수 있게, 슈퍼에 갔다 오려면 한 시간쯤 걸릴 거야, 네 방에 커튼을 만들려고 하는 데 2미터는 필요할 것 같아 등). ② 일상생활에서 길이, 거리, 양, 시간 등에 대해 아이와 이야기하세요. 그리고 아이에게 대강 얼마나 되겠는지 예측해 보게 하세요(예: 장난감들을 치우는 데 시간이 얼마나 걸릴까?, 너와 네 친구들 세 명이 주스를 마시려면 얼마나 필요할까? 한 병이면 될까?, 목욕탕 바닥에는 타일이 모두 몇 장이지? 베란다는? 그럼 어디가 더 넓을까?, 우아, 이 책은 무겁구나. 이 책과 저 콜라 한 병 중 어느 것이 더 무거울까? 등).

주변에서 반복되는 규칙 찾기	① 일상 생활에서 여러 가지의 규칙성을 찾아보게 하세요(옷, 커튼, 벽지, 장판, 소파, 타일 등의 무늬, 동요나 노래에서 반복되어 나오는 노랫말, 노래의 리듬, 일상생활의 하루 일과, 달력, 밤낮, 달의 모양, TV 프로그램 등). ② 블록이나 다른 장난감들로 간단한 반복되는 규칙성과 증감하는 규칙성을 만들어 보게 하세요. ③ 엄마나 아빠가 한두 가지의 무늬로 규칙성에 만들고 아이에게 따라 그려 보게 하세요. ④ 일상생활에서 규칙적으로 일어나는 변화를 찾아보게 하세요(밤낮, 유아의 키와 몸무게, 계절 등).
일상에서 모은 자료를 분류하고 이해하기	① 일상생활에서 여러 가지의 사물들을 분류해 보게 하세요. ② 명절날 온 가족이 모였을 때, 가족들의 생일, 가족들이 좋아하는 색, 과일 등으로 그래프를 만들어 보세요. ③ 사진첩의 정리를 아이와 함께하세요. 나이에 따라 숫자를 쓰거나 연도를 쓰고, 순서대로 정리하는 모델을 보여 주세요. ④ 시장 가기 전 살 것을 적은 목록을 놓고 어디서 무엇을 살 것인지 아이와 이야기하세요. ⑤ 아이가 원하는 것을 수집하게 하고 그것들을 보기 좋게, 또는 일정한 순서에 따라 정리하게 하세요.

4. 교사 자신의 평가

영 · 유아들의 발달 정도를 평가하는 것과 마찬가지로 중요한 것이 교사 자신이 얼마나 자신의 역할을 잘 수행하고 있는지를 평가하는 것이다. 즉 영 · 유아들의 자유놀이를 위하여 환경은 어떻게 준비했는지, 교사가 안내하는 놀이를 위해서는 어떻게 놀이활동을 계획했는지, 어떻게 이들 놀이활동들을 지원했는지 등을 지속적으로 점검하고 개선하는 것이 필요하다는 것이다. 이를 위해 교사가 스스로 평가해 보아야 할 것들의 예를 들어보면 다음과 같다.

- 다양하고 적절한 흥미영역을 준비하였나?
- 각 흥미 영역에는 적절한 자료/교구가 충분히 준비되었나?
- 영 · 유아들이 놀이를 자유롭게 선택할 수 있게 하였나?

- 충분한 자유놀이 시간을 주었나?
- 영 · 유아들의 흥미를 끌 수 있도록 새로운 자료/교구를 소개하였나?
- 계획한 대로 영 · 유아들의 놀이 상황을 관찰하였나?
- 영 · 유아들이 필요한 대로 그들의 놀이를 지원하였나?
- 교사가 안내한 놀이도 영 · 유아들의 흥미와 요구를 고려하였나?

제4장의 중요한 개념

평가의 종류, 진단평가와 형성평가의 중요성, 평가에 대한 잘못된 인식, 관찰하기의 정의 및 방법, 표본식 기술의 정의와 방법, 체크리스트의 정의와 방법, 평정척도의 정의와 방법, 비형식적 질문하기와 형식적 질문하기, 개방식 질문과 질문 시 유의할 점들, 작품/활동결과물의 종류, 작품/활동결과를 분석 시 유의할 점, 표준화 검사의 정의 및 검사방법, 수업 개선을 위한 평가의 활용 방안, 가정과의 협력의 중요성, 평가결과 공유의 필요성

논의해 보기

- 평가내용과 교육내용의 관계를 논의해 보자.
- 5개 수학교육 내용의 평가에 적절한 평가방법을 논의해 보고 평가도구를 만들어 보자.
- 교사가 자신을 평가해야 하는 이유를 논의해 보고 세부적인 평가도구를 만들어 보자.

제 5 장

영 · 유아를 위한 수학교육의 환경구성

목표

1. 효율적인 수학교육을 지원하는 환경의 특성을 이해한다.
2. 수학교육을 위한 흥미영역 구성 방안을 이해한다.
3. 수학교육에 도움이 되는 교구 및 교재의 종류를 알아본다.

1. 환경구성의 원리

영 · 유아들이 마음껏 주변 환경을 탐색하고 배울 수 있는 환경을 준비해 주는 것은 최대의 교육 효과를 가져오기 위해 가장 먼저 갖추어야 할 조건이다. 영 · 유아들의 발달적 특징을 고려하여 다양하고 풍부한 자료와 경험들이 잘 정리되어 있는 환경 속에서 영 · 유아들은 신체적, 인지적, 사회 정서적인 발달에 필요한 다양한 지식과 기술, 태도 등을 스스로 배우고 경험하기 때문이다.

수학적 지식과 기술 및 수학적 사고능력의 발달도 교사가 신중하게 계획하고 준비한 환경에 의해서 영향을 받을 수 있다. 수학적 지식이나 기술을 경험하고 수학적으로 생각할 수 있는 기회를 주는 다양한 교구 및 자료들이 흥미영역별로 충분히 준비되어 있고, 영 ·

유아들의 상호작용을 유도하는 게시판, 다양한 활동으로 수학적 지식과 기술을 경험할 수 있는 실외놀이영역 등 유아들의 적극적인 탐색을 유도하고 사고를 격려하는 실내 외의 물리적 환경을 준비하는 것이 효율적인 수학교육에 영향을 미칠 수 있다는 것이다. 뿐만 아니라 영 · 유아들이 실수나 실패의 경험을 염려하지 않고 마음껏 생각하고, 표현하고, 경험하는 편안한 심리적 환경을 구성하는 것도 효율적인 교육을 위해 꼭 필요한 일이다. 이러한 관점에서 수학교육을 위한 환경구성의 고려해야 할 점들을 살펴보면 다음과 같다.

1) 안전한 환경

영 · 유아를 위한 환경을 구성할 때 제일 먼저 고려해야 하는 것이 안전이다. 어떤 용도의 시설이나 교구, 교육 자료 및 장비이든지 간에 가장 중요한 것은 그것들이 영 · 유아가 사용하기에 안전한 것이어야 하며, 영 · 유아의 활동을 구속하지 않는 안전한 방법으로 배치되고, 진열되고, 정리되어야 하며, 그들이 사용하고 활동하기에 안전하고 적절한 수준으로 늘 유지, 관리되어야 한다는 것이다.

2) 다양하고 풍부한 환경

실내 · 외에는 영 · 유아들이 다양한 경험을 할 수 있도록 충분하고 다양한 자료가 준비되어야 한다. 언급한 바와 같이 수학교육은 자연스러운 상황에서 영 · 유아들이 환경과 상호작용하는 과정에서, 의도되지 않은 다양한 환경에서도 이루어질 수 있다. 따라서 실내의 흥미영역은 물론이거니와 바깥놀이영역에도 영 · 유아들이 다양한 경험을 할 수 있는 풍부한 환경이 조성되는 것이 바람직하다. 그러나 너무 다양하거나 너무 풍부한 환경, 또는 그 반대의 경우도 영 · 유아들의 발달에 부정적인 영향을 미칠 수 있다. 즉, 너무 다양한 자료들을 한꺼번에 동시에 준다면 영 · 유아들은 어디에 무엇이 있는지를 모르게 되며 너무 많은 것들 중에서 제대로 선택하지 못하는 경우도 생길 수 있다. 반대로 너무 적은 수와 종류의 자료가 주어진다면 영 · 유아들은 선택의 여지 없이 같은 놀이만 반복하게 되어 시간을 낭비할 수도 있고, 자신의 잠재력을 마음껏 발휘할 수 있는 기회를 잃게 되거나, 자주 싸우게 될 수도 있다. 따라서 적절한 양과 종류의 자료들을 준비해 주어야 하는데, 이는 영 · 유아들의 발달 특징과 놀이 상황을 관찰한 결과에 의해 결정되어야 한다.

3) 발달에 적합한 환경

영 · 유아들에게 제공되는 교구나 자료들은 발달에 적합한 것이어야 한다. 발달에 적합한 것이란 우선 영 · 유아들의 신체발달을 고려하여 그들이 쉽게 접근하고 용이하게 사용할 수 있는 것임을 뜻한다. 동시에 발달에 적합한 환경이란 영 · 유아들의 인지발달을 고려하여, 그들이 경험하여 이해할 수 있는 수준의 교구나 자료들과 함께 그들에게 적절한 도전을 제공할 수 있는 수준의 교구나 자료들도 포함되어야 함을 의미한다. 너무 쉬운 것들로만 구성된 환경에서는 영 · 유아들이 쉽게 지루해 할 것이며, 너무 어려운 환경에서는 성취감을 경험할 수 없게 됨을 명심해야 한다. 따라서 3~5세 또는 1~5세의 영 · 유아들이 함께 사용하는 공간의 경우, 교구나 자료, 놀이 기구 등은 그들의 발달 수준에 맞도록 분리되어 배치되거나 제공되도록 해야 하며, 한 연령집단의 영·유아들이 생활하는 교실에서는 학기 초와 학기 말, 또는 학년 말에 제공될 수 있는 교구나 자료들을 적절한 시기에 제공할 수 있어야 한다. 발달에 적합한 환경이란 영·유아들이 가정에서 경험하는 문화적 특징을 고려한 환경을 의미한다. 이는 특히 다문화 배경을 가진 유아들의 경우 중요한 것으로 교사는 유아들의 문화적 배경을 반영한 교구나 활동을 적절히 포함하는 환경을 구성하고 제공해 주어야 한다.

4) 흥미롭고 개방된 환경

영·유아들에게 제공되는 교구나 자료들은 그들의 흥미를 유발할 수 있는 것이어야 하며, 동시에 그것들을 통하여 영·유아들이 발산적 사고를 발달시킬 수 있는 개방적인 것들이어야 한다. 개방적인 자료란 사용하는 방법이 한 가지로 정해져 있지 않고 여러 가지의 방법으로 사용될 수 있는 것을 뜻한다. 개방적 자료는 발달 수준이 다른 영·유아들도 각자의 요구나 흥미에 맞게 사용할 수 있으며, 같은 아이도 사용할 때마다 다른 방법으로 다른 목적으로 사용할 수 있다. 이러한 자료는 특히 영·유아들의 생각하는 능력, 문제해결 능력을 길러주므로 수학적 사고의 발달을 위해 반드시 필요한 자료이다.

5) 예견이 가능한 환경

영·유아들은 예견할 수 있고 익숙한 환경에서 심리적으로 편안함을 느낀다. 즉, 다양한 자료들이 제공되지만 동시에 그것들은 예견할 수 있는 곳에서 찾을 수 있고, 예견할 수 있는 방법으로 사용할 수 있는 것이어야 한다. 이는 비단 물리적 환경뿐 아니라 영·유아들의 일과활동이 전개되는 과정에도 적용되어야 하는 중요한 원리이다. 다양한 활동으로 일과를 구성하되, 몇몇 활동은 항상 규칙적으로 반복되도록 일과를 계획해야 한다는 것이다.

6) 실수나 실패가 허용되는 환경

교육을 위해 환경을 구성할 때에는 개개 영 · 유아들이 자신과 다른 사람들의 요구와 특징을 존중하고, 서로 도우며, 자신들의 생각을 허용되는 방법으로 자유로이 표현할 수 있는 분위기를 조성해 주는 것도 잊어서는 안 된다. 이러한 환경에서는 영 · 유아들의 실수나 실패가 자연스럽게 용납되고, 그들은 자신의 가능성을 마음껏 펼쳐보고, 표현하는 기회를 갖게 된다. 아직 논리적인 사고를 하지 못하는 영 · 유아들이 논리적 사고의 기초를 형성하는 이 시기에 자신의 방법대로 생각하고, 문제를 해결하고, 자신의 생각을 자유로이 표현하고, 또래들과 공유하고, 일상생활에 적용해 보는 시도는 바로 실수나 실패가 허용되는 환경에서만 가능한 일이다.

7) 다양한 상호작용이 일어날 수 있는 환경

피아제와 비고츠키의 이론에서도 설명한 바와 같이 영 · 유아들의 다양한 대상들과의 상호작용(영 · 유아들 간의 상호작용, 영 · 유아와 교사 간의 상호작용, 영 · 유아와 사물 · 사건들과의 상호작용 등)은 그들의 성장과 발달에 지대한 영향을 미친다. 특히 개정된 누리과정에서도 강조한 바와 같이 놀이중심의 교육과정 운영에 있어서는 영 · 유아들이 다양한 대상과 적절한 상호작용이 일어날 수 있도록 환경을 구성해 주는 것이 반드시 필요하다. 잘 준비된 환경에서는 교사가 특별히 알려주지 않아도 자연스러운 상호작용이 일어날 수 있기 때문이다.

2. 흥미영역의 구성

유아교육에서의 흥미영역을 준비하고 흥미영역에서의 활동을 계획하는 것은 교사가 주도하는 수업이나 활동을 계획하는 것만큼이나 중요한 일이다. 영 · 유아들은 자유놀이 시간 동안 흥미영역에서의 놀이를 통해 많은 것을 스스로 경험하고 연습하는 기회를 가지기 때문이다. 따라서 교사가 이를 염두에 두고 흥미영역을 계획하고 교구와 자료를 준비하면 영 · 유아들은 다양하고 자발적인 수학적 경험을 할 수 있다. 그리고 영 · 유아들이 각 영역에서 활동하는 동안 교사가 적절한 도움이나 생각을 확장할 수 있는 자극을 주는 것도 중요하다. 이를 위해서 교사는 먼저 영 · 유아들이 무엇을 어떻게 하고 있는지를 잘 관찰하거나 그들의 대화를 듣고 적절한 방법으로 상호작용함으로써 수학교육이 유발되도록 해 주어야 한다(이정우, 이소정, 2010). 흥미영역을 준비할 때 고려해야 하는 점들은 다음과 같다.

- 수학적 지식과 기술, 사고를 다양하게 경험해 볼 수 있는 흥미영역(언어영역, 쌓기놀이영역, 컴퓨터영역, 수 · 조작영역, 미술영역, 과학영역 등)과 실외 놀이터(복합놀이터, 물/모래 놀이터 등)을 준비한다.
- 각 흥미영역에는 영 · 유아들의 탐색을 유도하고 그들이 흥미로워 할 수 있는 다양한 교구들을 마련해 준다.
- 각 흥미영역의 교구는 교구장에 이름표와 함께 잘 정리되어 있어야 한다. 만 3~4세

영 · 유아들의 경우 이름표 대신 교구의 그림이나 사진을 붙여 둔다.

- 함께 가지고 놀 수 있는 교구들은 서로 가까운 곳에 둔다.
- 숫자, 도형, 규칙성, 측정 등의 수학적 지식을 활용한 자료들(출석표, 일과계획표, 생일표, 달력, 자유선택놀이계획표, 유아들이 만든 그래프 등)을 이용하여 게시판이나 벽면을 구성한다.
- 교육계획에 따라 그때마다 적절한 자료들을 제공하거나 게시할 수 있어야 한다(예: 도형을 배울 때는 다양한 도형의 사물들을 더 준비해 준다든지 규칙성을 배울 때는 유아들이 찾아내기 쉬운 규칙성을 게시하는 등).

표 5-1 | 흥미영역의 계획

흥미영역	필요한 자료들
언어영역	수학교육의 여섯 가지 내용, 수학적 탐구 능력 및 태도, 수 감각 기르기, 공간 및 도형에 대한 이해, 기본적인 측정해 보기, 규칙성 이해, 자료 정리 및 결과 나타내기 등을 간접적으로 경험할 수 있는 다양한 책들을 준비한다.
수·조작영역	수학적 개념이나 기술-일대일 대응, 수 세기, 비교하기 및 비교의 어휘 사용하기, 숫자 알기 및 쓰기, 규칙 찾기, 규칙 표현해 보기, 규칙 따라해 보기, 규칙 만들어 보기, 도형이나 위치, 방향, 공간과 관계된 개념 및 어휘 익히기, 양과 숫자 짝지어 보기, 시간의 흐름이나 순서에 대한 이해, 순서 짓기, 분류하기, 자료 정리하고 나타내기 등과 관계된 다양한 교구를 준비한다.
쌓기놀이영역	도형, 크기, 공간, 규칙, 수 감각 기르기 등을 도울 수 있는 다양한 블록을 준비한다.
역할놀이영역	다양한 생활공간과 환경(예 집, 병원, 학교, 시장, 꽃가게, 음식점 등)을 꾸며 주고 각 생활 장면에서 유아들이 수학과 관련된 다양한 경험할 수 있는 교구와 자료를 준비한다.
미술영역	수학교육의 내용을 경험할 수 있는 활동 및 자료를 준비한다.
물/모래 놀이영역	연속량과 측정에 대한 기본 이해를 도울 수 있는 교구를 준비한다.
음률영역	규칙의 일종인 다양한 리듬을 듣고 따라 해 보기 위한 적절한 교구를 준비한다.

3. 수학영역의 구성

수학적 교구나 자료의 기원은 프뢰벨의 은물에서 찾아볼 수 있다. 그만큼 수학적 사고를 발달시키는 교구나 자료의 중요성은 그 옛날부터 강조되어 왔다고 할 수 있다. 그리고 비록 영 · 유아들이 실내 외의 다양한 환경을 통해서도 수학적 지식이나 기술, 사고능력 등을 발달시킬 수 있는 자연스러운 경험들을 하지만, 특별히 구성된 수학영역에서는 좀 더 의도적인 경험을 통해 그러한 능력들을 집중적으로 경험하고, 연습하고, 발달시킬 수 있는 기회를 갖게 되므로(Bullard, 2010), 적절한 수학영역을 구성하는 것은 수학교육을 위해 반드시 필요한 일이다.

1) 수학영역 구성 시 고려해야 할 점

수학영역은 영 · 유아들에게 다양한 조작놀이 교구를 스스로 사용함으로써 수학적 경험을 해 볼 수 있도록 해 주는 곳이다. 따라서 수학영역은 다음과 같은 점들을 유의하여 구성하여야 한다.

- 교실의 조용한 곳에 위치하도록 한다.
- 교구장과 4~5명의 영 · 유아들이 동시에 조작놀이 교구들을 사용할 수 있는 탁자와 의자들을 둘 수 있는 충분한 공간을 제공해야 한다.
- 누리과정의 수학교육의 내용을 고려한 다양한 교구, 자료를 제공해야 한다.
- 교구는 영 · 유아들의 발달에 적합한 것으로 준비해야 하며, 적절한 시기에 교체되어 제공되어야 한다.
- 영 · 유아들이 스스로 사용하고 정리할 수 있도록 교구장과 자료들이 잘 정돈되어 있어야 한다.
- 구체적인 자료들, 적극적으로 조작할 수 있는 자료들, 개방적인 자료들, 스스로 수정이 가능한 자료들이 골고루 균형 있게 준비되어야 한다.

2) 수학영역에 제공될 수 있는 자료들

물체를 세어 수량 알기와 관련된 자료들		
수 세기 여러 가지 수를 셀 수 있는 모형물, 그림카드, 숫자카드 등	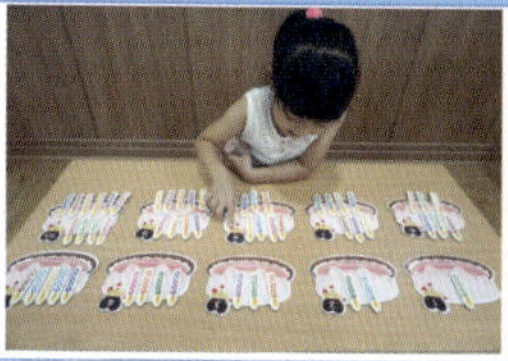	
숫자 찾기 숫자가 기호로 사용되는 여러 가지 경우의 사진들(예: 아파트 동 호수, 전화번호, 달력, 시계, TV 리모콘 등)	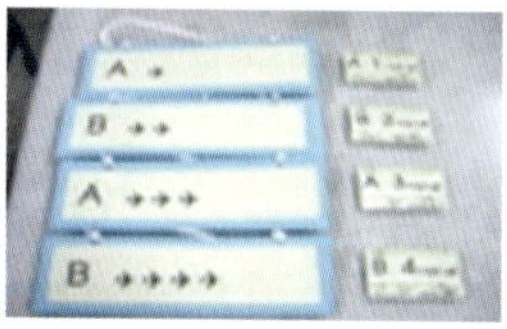	
숫자 쓰기 모래 숫자카드, 숫자카드, 숫자를 만들 수 있는 점토, 파이프 클리너, 숫자도장, 작은 화이트보드와 펜 등		
제짝 찾기 짝으로 활동하는 사물, 모형물, 그림 자료		
동일한 특성을 가진 사물의 짝짓기 같고 다른 색, 모양, 크기의 모형물들, 그림 카드		
상관성을 가진 사물들의 짝짓기 특정한 관계로 맺어져서 늘 짝이 될 수 있는 사물들, 모형물들, 그림 카드, 그림판, 짝 지을 수 있는 도구(예: 동물과 먹이, 계절과 옷 또는 사용하는 물건들 등)		

<table>
<tr><td>1:1 대응하여 짝짓기
두 집합을 만들 수 있는 모형물들, 그림카드, 모형물이나 카드를 집합으로 만들 수 있는 용기들, 일대일로 대응할 수 있는 도구들 같은 크기 또는 다른 크기의 두 집합에 속한 사물들을 일대일로 대응해 볼 수 있는 조작놀이 게임자료</td><td> 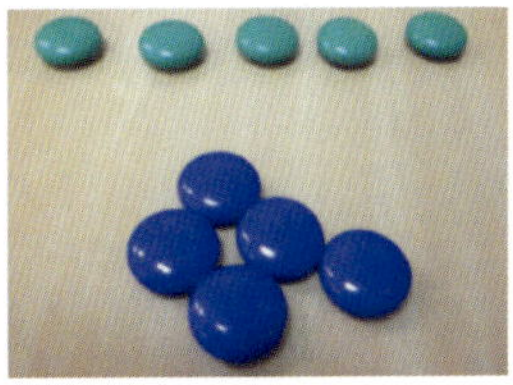</td></tr>
<tr><td>수와 숫자 짝짓기
사물의 수에 맞는 숫자를 짝 지을 수 있는 모형물들, 숫자카드, 그림카드, 그림판 등</td><td> </td></tr>
<tr><td>사물 비교하고 관련 어휘 알기
비교할 수 있는 다양한 속성들을 가진 모형물들, 그림카드, 비교를 나타내는 단어카드 등</td><td> </td></tr>
<tr><td>부분과 전체 알기
몇 개로 나뉠 수 있는 사물의 모형물, 그림카드 등(예: 찍찍이로 떼어 나누고 붙여서 하나로 만들 수 있는 과일이나 다른 사물들의 모형물, 그림카드). 여러 부분들이 모여 하나를 이루는 사물의 모형물, 그림카드(예: 집, 자동차, 사람 등)</td><td> 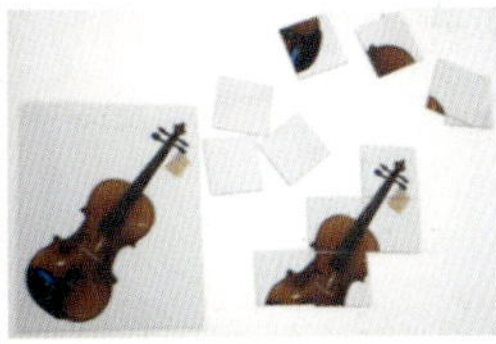</td></tr>
<tr><td>수의 합성과 분해
수의 합성과 분해를 조작하고 연습할 수 있는 교구들(예: 여러 가지 사물의 모형물, 숫자카드, 수의 분해를 나타내는 수 카드들, 용기들)</td><td>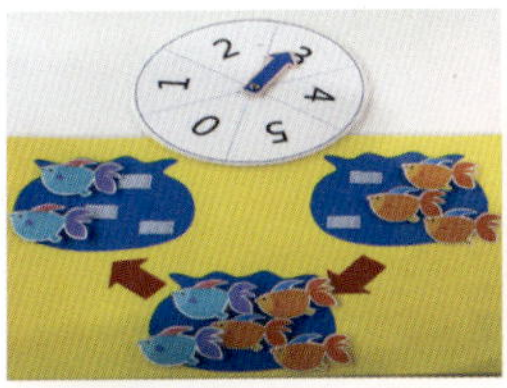 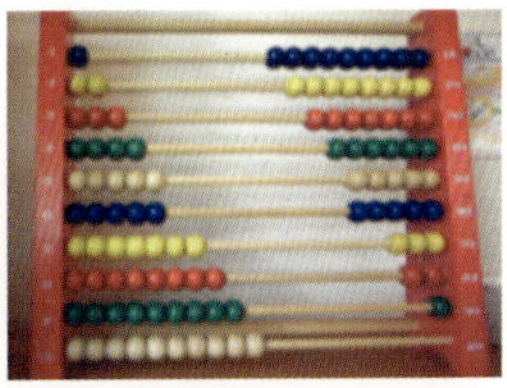</td></tr>
<tr><td>더하기와 빼기
사물들을 더하고, 모으고, 덜어내고, 보충할 수 있는 여러 가지의 모형물들, 그림카드들, 숫자카드, 용기들, 조작놀이 게임판들</td><td> </td></tr>
</table>

물체의 위치와 방향, 모양 알고 구별하기와 관련된 자료들		
도형 알기 여러 가지 색, 크기, 재질의 평면도형과 입체도형의 모형물들, 그림카드, 게임판, 평면도형과 입체도형의 사물들(예: 공, 고깔, 상자, 모형 피라미드, 탠그램 등)	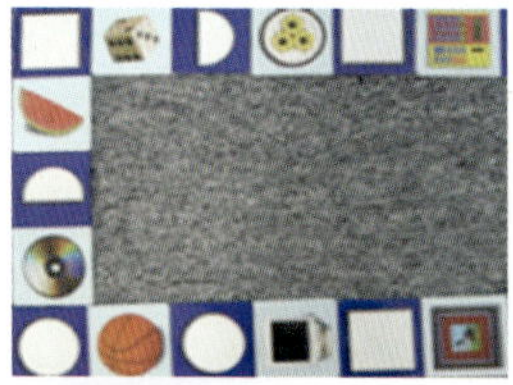	
다양한 모양들 시각화하기 모양을 만들 수 있는 재료들 (예: 파이프클리너, 모양틀, 점토, 털실, 지오보드 등)	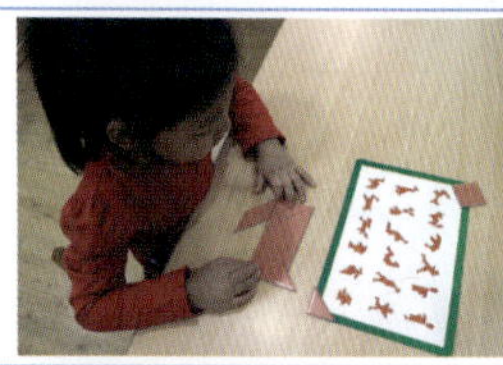	
공간 안에서 위치와 방향 알기 위치, 방향, 장소 등을 경험할 수 있는 게임판, 모형물들, 공간을 만들 수 있는 모형물들		

길이, 무게 등의 속성 비교하고, 측정하기와 관련된 자료들		
순서 짓기 순서 지을 수 있는 속성을 가진 사물들, 모형물들, 그림카드 등, 순서 지을 수 있는 판이나 용기, 게임판, 교구들		
측정하기: 비표준단위 이용 비표준단위가 될 수 있는 여러 가지의 도구들(예: 펜, 종이, 신발, 여러 가지의 용기들 등)과 길이, 무게, 부피 등을 측정할 수 있는 사물들		
측정하기: 표준단위 이용 길이, 무게, 부피를 측정할 수 있는 표준단위의 도구들(예: 자, 줄자, 저울, 계량컵, 시계 등)		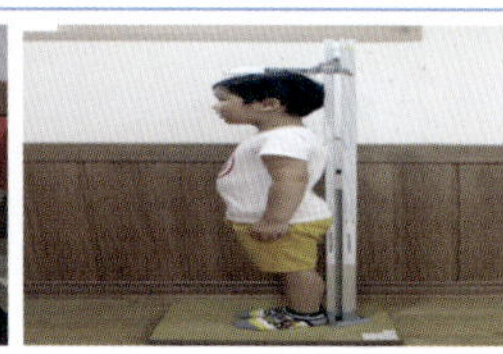

주변에서 반복되는 규칙 찾기와 관련된 자료		
규칙 이해하기 규칙성을 이해할 수 있는 여러 가지의 옷감, 종이 등, 규칙을 만들어 볼 수 있는 사물들, 모형물들, 그림 카드들, 블록들, 규칙을 이용하여 목걸이를 만들 수 있는 구슬과 끈 등		

일상에서 모은 자료를 분류하고, 결과 이해와 관련된 자료들		
분류하기 구체적, 추상적 속성의 의해 분류할 수 있는 여러 가지의 다양한 사물들, 모형물들, 그림카드들(예: 단추들, 블록들 등), 분류할 수 있는 용기들, 집합을 만들 수 있는 용기들, 게임판		
자료 모으기 자료가 될 수 있는 여러 가지의 사물들, 모형물들이나 그림카드들(예: 여러 가지 과일들, 자동차들, 과자들, 주스병 등)		
그래프로 나타내기 다양한 그래프를 만들 수 있는 구체물들, 모형물들, 그림 카드, 스티커들, 색종이, 포스트잇, 그래프를 만들 수 있는 판		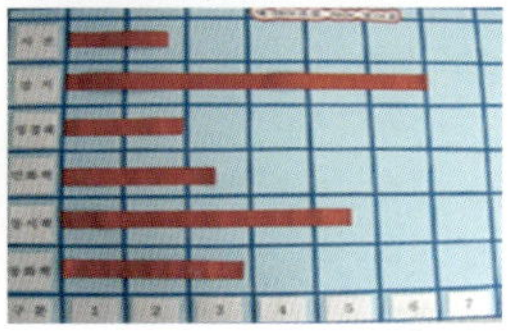

제5장의 중요한 개념

수학교육을 위한 환경의 중요성, 환경구성 시 고려해야 할 점들: 안전, 환경구성 시 고려해야 할 점들: 다양함과 풍부함, 환경구성 시 고려해야 할 점들: 발달에의 적합성, 환경구성 시 고려해야 할 점들: 흥미와 개방성, 환경구성 시 고려해야 할 점들: 예견가능성, 환경구성 시 고려햐야 할 점들: 실수나 실패를 수용, 상호작용을 유발하는 환경, 흥미영역 구성의 의의, 흥미영역 구성 시 고려해야 할 점, 수학영역의 필요성, 수학영역을 구성할 때 고려해야 할 점

논의해 보기

- 다양한 상호작용이 일어날 수 있도록 환경을 구성하는 방법을 논의해 보자.

제 6 장

영 · 유아를 위한 수학교육의 계획과 실행

1. 교육계획

2. 교육실행 및 평가